수학적 상상력과 창의력을 키워 주는 수학 동화

숫자벌레

글쓴이 | 김영진
그린이 | 강미영
진행 | 숲속여우비
펴낸이 | 조승식
펴낸곳 | 도서출판 이치사이언스

등록 | 제9-128호
주소 | 142-877 서울 강북구 한천로 153길 17
홈페이지 | www.bookshill.com
전자우편 | bookswin@unitel.co.kr
전화 | 02-994-0583
팩스 | 02-994-0073

2005년 8월 30일 1판 1쇄 발행
2012년 7월 10일 1판 8쇄 발행
2014년 11월 15일 개정판 1쇄 발행
2025년 8월 1일 개정판 3쇄 발행

ⓒ2005 김영진, 강미영

값 13,000원
ISBN 978-89-98007-24-9

수학적 상상력과 창의력을 키워 주는 수학 동화

숫자 벌레

김영진 글
강미영 그림

BooksHill
이치사이언스

 숫자 세계 탐험 초대장

　내가 대학에 다닐 때, 수학이란 또 하나의 언어라는 것을 어렴풋이 깨닫게 되었단다. 그 순간 내 자신이 무척이나 바보스럽게 여겨졌지.

　초등학교, 중학교, 고등학교에서 수학을 공부하면서도 수학 공부를 하는 이유가 대학에 가기 위해서일 뿐 그것말고는 아무 의미가 없다고 생각했으니 말이야.

　만약 수학이 세상을 이해하는 또 하나의 언어라는 것을 좀 더 일찍 깨달았다면 수학에 대해서 그렇게 막연한 미움을 갖지는 않았을 거란 생각이 들어.

　그래서 이 글을 쓰기 시작했단다. 너희에게 수학에 대해서 다른 사람들과는 다르게 이야기해 주고 싶었어. 그리고 너희가 이제까지 알지 못하던 숫자 벌레들을 만나게 해 주고 싶었지.

　물론 이 책을 읽는다고 해서 너희가 수학 도사가 된다거나 싫어하던 수학이 갑자기 좋아지게 되는 것은 아니란다.

그런 마법을 이 책에 심어 놓지 않기로 숫자 세계의 문지기와 약속했거든. 왜냐하면 숫자 세계가 위험해져서 현실 세계가 위험에 빠지게 된다면 그때서야 비로소 어렵게 공부한 수학이 큰 힘을 발휘하기 때문이야.

수학은 마법을 배우는 것과 비슷하단다. 수학이라는 마법을 잘 배워 두면 수학이 앞으로 너희가 살아 가면서 부딪히게 될 많은 어려움을 풀 수 있는 열쇠가 되고, 세상을 변화시킬 수 있는 힘이 된다는 걸 알게 될 거야.

하지만 모든 일이 다 그렇듯이 그렇게 되기까지는 많은 노력이 필요하겠지.

이제 나는 새로운 숫자 세계를 탐험하려고 해. 숫자 세계에 대해 궁금한 점이 있거나 알려 주고 싶은 이야기가 있다면 나에게 연락해. 언제나 대환영이야.

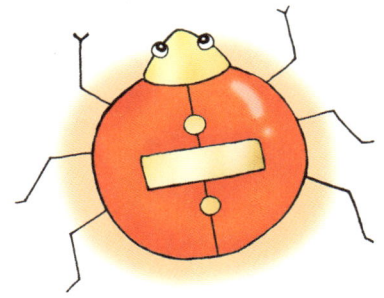

숫자 세계 탐험가 김영진

mathworm@naver.com

등장인물

하나 초등학생인 하나는 당돌하지만 책임감이 강한 아이입니다. 아마도 숫자 세계를 지켜야 하는 운명을 타고난 수의 수호자이기 때문일지도 모릅니다. 수의 수호자는 숫자 세계를 지켜야 합니다. 수의 수호자만이 숫자 세계로 가는 문을 열 수 있습니다. 그러나 하나는 프랙탈과 함께 숫자 벌레를 없애는 의식을 치러 숫자 세계를 위험에 빠뜨립니다.

프랙탈 하나의 짝꿍으로 나중에 커서 만화가가 되고 싶은 아이입니다. 수학을 무척 싫어하는데, 수학을 못해서 선생님이나 엄마가 자기를 미워한다고 생각합니다. 그래서 세상에서 수학이 없어지기를 바라고 있습니다. 결국 프랙탈은 수의 파괴자의 꾐에 빠져 숫자 세계를 위험에 빠뜨립니다.

수의 파괴자 처음에는 수학자로서 수학을 연구하다가 점차 흑마법에 빠져 수학의 힘을 자기 것으로 만들려고 음모를 꾸몄습니다. 수의 수호자가 그 음모를 알아채고 수의 파괴자의 몸을 숫자 세계의 깊은 어둠 속에 가두고 그 영혼은 현실 세계로 쫓아냈습니다. 현실 세계로 쫓겨난 수의 파괴자는 숫자 세계에 갇혀 있는 자신의 몸을 되찾기 위해 프랙탈에게 접근합니다.

수의 문지기 현실 세계와 숫자 세계의 중간 지점을 지키면서 숫자 세계를 보호해야 하는 책임이 있습니다. 그러나 영혼이 풀려난 수의 파괴자가 숫자 세계를 위험에 빠뜨린 것도 모르고 계속 잠만 자다가 하나가 찾아오고 나서야 숫자 세계가 이상해졌다는 사실을 알게 됩니다.

투덜이 순수한 1벌레로서 처음에는 수의 파괴자의 마법에 걸려 숫자 세계를 파괴하지만, 수의 문지기가 구해 줍니다. 이런 일을 겪고 나서인지 투덜이는 숫자 세계에서 오래전에 사라져 버린, 인간과 대화를 나눌 수 있는 능력을 갖게 되고, 하나와 수의 문지기와 함께 숫자 세계를 탐험합니다.

차례

숫자 세계 탐험 초대장 4
등장인물 6

제1장 숫자 세계의 비밀
이상한 책 10
중요한 의식 19
사라져 가는 숫자들 29

제2장 숫자 세계 속으로
수의 문지기 46
자연수 세계 51
정수 세계 89
유리수 세계 105

제3장 숫자 세계의 마지막 결투
무리수 세계 124
돌아온 하나 135

부록   숫자 세계 탐험 141

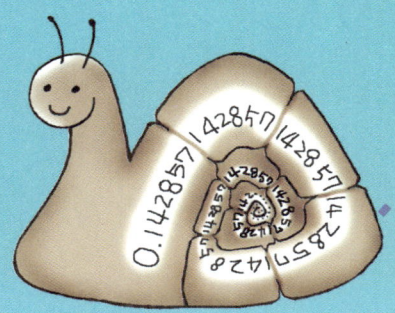

제1장
숫자 세계의 비밀

현실 세계로 쫓겨난 수의 파괴자의 영혼은 자신의 몸을 되찾아
숫자 세계를 파괴할 수 있는 힘을 얻기 위해 숫자 벌레를 없애는 의식을 만들었다.
수의 수호자가 이 의식을 치르고 검은 영혼과 몸이 하나가 되는 날,
숫자 세계는 파괴될 것이다.

이상한 책

　　교실에서는 아이들이 수학 문제를 푸느라 정신이 없다. 어떤 아이는 연필을 물어뜯으며 생각에 잠겨 있고, 어떤 아이는 지우개로 열심히 썼던 걸 지우고 있다. 또 어떤 아이는 수학 공식을 기억해 내려고 머리를 움켜쥐고는 계속 웅얼대고 있다. 교실 앞에서는 머리가 벗겨진 뚱뚱한 하마 선생님이 의자에 앉아 아이들을 지켜보다가 꾸벅꾸벅 졸기 시작하셨다.
　　하나는 문제를 풀다가 씩씩거리는 소리에 옆을 돌아보았다. 한 문제도 풀지 못한 프랙탈이 문제 풀기를 포기했는지 아예 책상 위에 엎드려 버렸다. 하나는 하마 선생님의 눈치를 보며 프랙탈을 가만히 흔들었다.
　　"너 선생님이 보시면 어쩌려고 그래? 일어나, 어서."

프랙탈은 고개를 들어 얼굴을 찡그렸다.

"난 수학이 너무 싫어. 수학 때문에 내가 얼마나 괴로운지 넌 모를 거야."

하나는 걱정스런 얼굴로 프랙탈을 보았다.

"수학이 그렇게 싫으니?"

"수학을 못한다고 선생님이 나를 싫어하시잖아. 집에서도 수학을 못한다고 얼마나 구박을 하는지……. 선생님이나 부모님이나 다 내가 수학을 못하기 때문에 싫어하는 거야."

"수학 때문에 너를 미워한다는 건 말도 안 돼. 왜 그런 생각을 해?"

"너처럼 수학을 잘하는 애가 어찌 이 괴로운 맘을 알리요. 지금까지 내가 수학 문제를 못 푼다고 얼다나 혼이 났는데……."

프랙탈은 깊은 한숨을 내쉬었다.

"우리 엄마는 내가 맞힌 문제는 신경도 안 쓰고 틀린 문제만 가지고 혼내신단 말이야. 내가 그 문제를 풀지 못하면 하늘이라도 무너지는 줄 아시나 봐."

프랙탈은 수학 책에 얼굴을 바싹 갖다 대고 문제를 찬찬히 보았다. 그러다가 안 되겠는지 하나의 공책을 힐끗 훔쳐보았다. 하나는 얼른 손으로 공책을 가렸다.

"왜 남의 걸 보려고 그러냐? 그렇게 생각하기 싫어하니까 수학

을 못하는 거야. 네 힘으로 풀어야지."

"으이그, 잘났어."

프랙탈은 듣기 싫다는 듯 귀를 막고 고개를 흔들었다. 그러더니 갑자기 심각한 표정으로 말했다.

"그래, 이렇게 당하고만 있지 않겠어."

"잘 생각했어. 그런 마음으로 열심히 공부하면 너도 틀림없이 수학을 잘할 수 있을 거야."

"맞아, 내가 왜 그 생각을 못 했을까? 수학이 사라지면 수학 공부를 할 필요도 없잖아."

프랙탈의 엉뚱한 말에 하나는 고개를 갸웃했다.

"그게 무슨 소리야?"

"음……, 학교에 있는 수학 책을 모두 불태워 버리는 거야. 아니, 전 세계에 있는 모든 수학 책을 없애 버리면 되지."

하나는 기가 막혀 헛웃음이 나왔다.

"아우, 어이없어. 수학 책을 모두 불태워 버린다고 해서 수학이 사라질 것 같니?"

"뭐가 어이없냐? 수학 책이 없는데 어떻게 수학 공부를 하냐고! 수학 공부를 할 수 없으니까 수학도 사라지는 거지."

"수학 책이 없다고 해서 수학이 사라지는 건 아냐. 음악 책을 모두 없앤다고 해서 음악이 사라지는 게 아닌 것처럼."

하나의 말을 듣고 프랙탈의 얼굴은 이내 실망스런 표정으로 바뀌었다.

"그런가……?"

그러고는 턱을 괴고 멍하니 창밖을 보며 공상에 빠졌다. 하나가 그런 프랙탈의 옆구리를 슬그머니 찔렀다.

"프랙탈, 재미있는 얘기 하나 해 줄까?"

"뭔데?"

"우리 할아버지가 그러셨는데, 숫자 세계라는 데가 있대. 그곳에는 숫자 벌레들이 살고 있는데……"

"숫자 벌레라고?!"

하나의 흥미로운 이야기에 프랙탈은 자기도 모르게 큰 소리를 냈다. 그 바람에, 꾸벅꾸벅 졸던 선생님은 깜짝 놀라 잠에서 깨셨고, 아이들도 모두 동그란 눈으로 프랙탈을 돌아보았다. 당황한 프랙탈은 선생님의 눈치를 보며 말했다.

"선생님, 하나가 그러는데 숫자 세계에 숫자 벌레들이 살고 있대요……. 그게 사실이에요……?"

프랙탈의 말에 교실 안은 웃음바다가 되었고, 화가 난 선생님은 안경을 치켜올리며 프랙탈을 노려보셨다.

"문제는 안 풀고 무슨 뚱딴지 같은 소리야? 그러니까 공부를 못하지. 장난치지 말고 어서 문제나 풀어!"

야단을 맞자 프랙탈은 하나를 슬그머니 쏘아보았다.

"너 때문에 나만 웃음거리가 됐잖아. 네 할아버지는 거짓말쟁이야."

"우리 할아버지는 거짓말 안 하셔."

하나도 뾰로통해서 중얼거렸다.

하나의 할아버지는 수학자셨다. 지금은 돌아가셨지만, 살아 계실 때 하나에게 종종 숫자 세계에 대해 이야기해 주곤 하셨다. 하나는 할아버지 무릎에 앉아 숫자 세계 이야기를 듣는 것을 정말 좋아했다. 숫자 세계 이야기는 언제 들어도 재미있고 흥미로웠다.

프랙탈은 갑자기 무슨 생각이라도 난 듯 선생님의 눈치를 살피며 하나에게 물었다.

"정말 숫자 벌레가 있긴 한 거야?"

"넌 속고만 살았니? 숫자 벌레는 틀림없이 있을 거야. 숫자 세계에 말이야."

"만일 숫자 세계가 있다면 그곳에 갈 수도 있겠네?"

"어? 잘은 모르지만, 아마 그렇지 않을까……?"

"어떻게 하면 갈 수 있는데?"

"글쎄……."

"숫자 세계가 정말 있다면 우리나라에서 제일 큰 도서관에는 숫자 세계에 대한 책이 있겠지? 가서 찾아봐야겠다."

프랙탈은 숫자 세계에 가서 숫자 벌레들을 잡는 상상을 했다. 숫자 벌레들을 가득 담은 자루를 둘러메고 돌아와서 수학을 싫어하는 많은 아이들에 둘러싸여 환호를 받는 모습을 상상하니 웃음이 절로 나왔다.

'정말로 숫자 벌레가 있다면 숫자 벌레를 없앨 수 있는 방법도 있을 거야.'

프랙탈은 학교가 마치자마자 날마다 들르던 문방구 앞 오락기도 그냥 지나치고, 버스를 타고 시내에 있는 가장 큰 도서관으로 갔다. 그곳에는 엄청나게 많은 책이 있었다. 프랙탈은 빼곡히 꽂혀 있는 책을 보고 입이 떡 벌어졌다.

'이걸 언제 다 찾지?'

프랙탈은 수학 책만 모아 놓은 곳으로 갔다. 한참 동안 이 책 저 책을 뒤적거리다가 벽에 붙어 있는 책장 구석에서 《숫자 세계의 비밀》이라는 책을 찾아냈다. 책은 오래되어서 종이가 누렇게 바래 있었고, 표지는 너덜너덜하게 다 헤져 있었다. 책을 손에 든 프랙탈은 가슴이 콩닥콩닥 뛰었다.

　프랙탈은 집에 오자마자 컴퓨터를 켜고, 도서관에서 빌려온 책을 꺼냈다. 책은, 얼마나 오래되었는지 손에 조금이라도 힘을 주면 겉장이 바스러질 것 같았다. 조심스럽게 겉장을 넘기자 안에 부적처럼 생긴 종이 하나가 붙어 있었다. 프랙탈은 그것을 떼어 이리저리 살펴보았다.
　"대체 누가 이런 걸 붙여 놓은 거야?"
　프랙탈은 종이를 구겨서 농구공을 던지듯 휴지통에 던졌다.
　"골~인!"
　프랙탈은 만족스런 표정으로 다시 책을 펼쳤다. 그러나 많이 돌아다닌 탓인지 두 장도 읽지 못하고 꾸벅꾸벅 졸기 시작했다.
　그때, 책 속에서 검은 그림자가 슬그머니 나왔다. 검은 그림자는 살아 있는 것마냥 프랙탈의 방을 한 바퀴 휙 돌고는 켜져 있던 컴퓨터 화면 속으로 쏙 들어갔다.
　졸다가 깬 프랙탈은 하품을 한 번 하고 다시 책을 읽어 나갔다. 책의 내용은 대부분 숫자 벌레의 생태에 관한 것이었다. 그런데 마지막 부분에 흥미로운 이야기가 쓰여 있었다.

　　아주 오랜 옛날에는 현실 세계와 숫자 세계가 이어져 있어서 누구나 자유롭게 두 세계를 드나들 수 있었다. 하지만 시간이 흘러 사람들이 탐욕스러워지면서 숫자 벌레들은 두 세계 사이에 놓인 문을 닫아 버렸다. 그 뒤 현실 세계에는 숫자 세계와 통할 수 있는 언어만 남게 되었다.

그러나 숫자 벌레들은 만일에 대비해서 두 세계를 연결하는 통로를 남겨 두었는데 그것이 바로 《수의 열쇠》라는 책이다. 이 책은 숫자 세계의 문을 여는 열쇠다. 그리고 이 《수의 열쇠》를 지키고 숫자 세계를 보호하는 책임을 가진 사람이 바로 수의 수호자다.

숫자 세계 한편에는 숫자 세계를 위협하는 존재가 있었는데, 바로 수의 파괴자다. 수의 파괴자는 숫자 세계의 지배를 노리는 자로, 늘 수학과 마법의 결합을 꿈꾸어 왔다.

이런 수의 파괴자의 속셈을 알아차린 수의 수호자는 마법을 통해 수의 파괴자의 몸을 숫자 세계의 깊은 어둠 속에 가두고 그의 영혼은 현실 세계로 쫓아냈다.

현실 세계로 쫓겨난 수의 파괴자의 영혼은 자신의 몸을 되찾아 숫자 세계를 파괴할 수 있는 힘을 얻기 위해 숫자 벌레를 없애는 의식을 만들었다. 수의 수호자가 이 의식을 치르고 검은 영혼과 몸이 하나가 되는 날, 숫자 세계는 파괴될 것이다.

프랙탈은 책을 덮고 침대로 가 벌렁 드러누웠다.
'숫자 벌레를 죽이는 의식만 치르면 그 지겨운 수학이 다 사라져 버릴까?'
프랙탈은 인터넷에서 무언가를 찾을 수 있을지도 모른다는 생각이 들었다. 그래서 벌떡 일어나 인터넷 창을 열었다. '숫자 세계', '숫자 벌레', '숫자 벌레 없애기', '숫자 벌레 의식', '숫자 세계 의식' 등 머릿속에 떠오르는 낱말들을 다 검색해 보았다. 하지만 어디에도 숫자 벌레를 죽이는 의식에 대해서는 나와 있지 않았다. 프랙탈은 실망하여 다시 침대에 드러누웠다. 그러고는 컴퓨터를 끄지도 않고 곧 잠이 들었다.

중요한 의식

다음 날 프랙탈은 수업 시간 내내 꾸벅꾸벅 졸았다. 하나는 그런 프랙탈이 한심해 보였다.

"어젯밤에 잠은 안 자고 대체 뭘 한 거야?"

하나가 팔꿈치로 프랙탈을 툭 쳐 깨웠다. 프랙탈은 하품을 한 번 하고는 스윽 웃었다.

"사실은 어제 숫자 없애는 방법에 대해 연구를 좀 했지. 준비할 게 얼마나 많은지 힘들어 죽겠네."

프랙탈은 또 한 번 늘어지게 하품을 했다.

"너 정말 숫자가 사라지기를 바라는 거야?"

"당연하지. 숫자가 사라지면 더 이상 지겨운 수학 공부를 안 해도 되잖아."

하나는 즐거워하는 프랙탈의 모습에 어이가 없었다.

"너, 숫자가 없어지면 얼마나 불편할지 생각이나 해 봤어? 불편한 정도가 아니라 세상이 엉망이 되어 버릴 거야."

프랙탈은 더 이상 듣고 싶지 않다며 두 손으로 귀를 막고는 하나를 보며 해죽거렸다. 하나는 고개를 가로저으며 다시 수업을 들었다.

프랙탈은 공책에 만화를 그리기 시작했다.

"너 그러다가 선생님한테 혼난다."

하나의 말에 프랙탈은 상관없다는 듯이 어깨를 으쓱했다.

"이런 수학은 아무 쓸모가 없단 말이야. 난 커서 만화가가 될 거야. 만화가에게 복잡한 수학 계산은 필요 없어."

프랙탈은 입을 삐죽거리며 그림을 계속 그렸다. 그러다 곧 그리던 그림을 연필로 직직 그으며 중얼거렸다.

"내가 숫자 벌레들을 모두 없애 버릴 거야."

하나는 프랙탈이 중얼거리는 소리에 깜짝 놀라 돌아보았다.

"너 지금 뭐라고 했어?"

"숫자 벌레도 바퀴벌레처럼 죽일 수 있어."

프랙탈은 뭔가를 알고 있는 것처럼 자신만만하게 말했다. 하나는 프랙탈의 말이 터무니없다고 생각되었지만 또 한편으로는 걱정이 되었다.

'정말 숫자 벌레도 죽일 수 있는 것일까?'

하나는 턱을 괴고 곰곰이 생각해 보았다.

'만일 이 세상에서 숫자가 사라져 버린다면 어떤 일이 생길까? 숫자가 사라져 버리면 돈도 없어지겠지. 그럼 아이스크림은 어떻게 사 먹지? 숫자가 사라져 버리면 컴퓨터도 사라져 버릴 거야. 그럼 게임도 못 하게 되잖아. 그런데 숫자가 없으면 내 생일은 어떻게 기억할까? 몸무게와 키가 얼마인지도 알 수 없을거야. 전화번호가 없으면 전화를 어떻게 걸지? 시간을 알 수 없으니까 시간 약속을 할 수도 없을 거야.'

하나는 이런 생각을 하니 머리가 복잡해졌다.

그날 저녁, 하나의 집 앞에서는 고양이 울음소리가 계속 들려왔다. 하나는 그것이 프랙탈이 내는 소리라는 것을 알고 있었다. 프랙탈은 하나를 불러낼 때면 늘 고양이 소리를 내곤 했다. 이미 침대에 누운 하나는 '모른 체하면 그냥 포기하고 돌아가겠지.' 하고 생각했지만 고양이 울음소리는 계속 들려왔다. 하나는 잠시 망설이다가 침대에서 일어나 옷을 입고 밖으로 나갔다.

프랙탈은 하나에게 늦게 나왔다고 툴툴대다가 이내 목소리를 낮춰 말했다.

"네가 도와줘야 할 게 있어."

"이렇게 늦은 시간에 뭐 하는 거야?"

하나가 큰 소리로 말하자 프랙탈은 심각한 표정으로 "쉿!" 하고 조용히 시킨 뒤 하나의 손을 잡아끌었다.

"이 밤중에 어디 가는 거야? 엄마, 아빠한테 말 안 하고 나왔단 말이야."

프랙탈은 하나의 말은 들은 채 만 채 하고 하나의 손을 잡고 바삐 걸었다.

프랙탈이 하나를 데려간 곳은 학교 미술실이었다.

"여기는 왜 온 거야? 미술실 문은 어떻게 열었어? 누가 보기라도 하면 어쩌려고 그래? 난 갈 테야."

"잠깐만 기다려 봐. 오래 걸리지 않아."

프랙탈은 들고 온 가방에서 뭔가를 찾으며 심각한 표정으로 말했다.

"이제부터 중요한 의식을 치를 거야."

"중요한 의식?"

하나는 의아한 표정으로 프랙탈을 쳐다보았다.

프랙탈은 가방 속에서 검은색 망토 두 벌을 꺼냈다. 그리고 그중 한 벌을 하나에게 건네주었다. 하나가 망토를 이리저리 살펴보며 머뭇거리는 동안 프랙탈은 어느새 망토를 입고 또 가방을 뒤적여 초를 몇 개 꺼냈다.

"걱정 말고 어서 입어. 곧 얘기해 줄 테니까."

하나는 하는 수 없이 프랙탈이 시키는 대로 망토를 입었다.

프랙탈은 미술실 구석에 있는 탁자를 끌어와서 탁자 가장자리에 초들을 가지런히 세우고 불을 붙였다. 그리고 전등을 껐다.

촛불로 밝혀진 미술실은 분위기가 으스스했다. 벽에는 수많은 그림자 인간들이, 촛불이 흔들릴 때마다 마치 살아 있는 것처럼 너울거렸다. 하나는 덜컥 겁이 났다.

"도대체 무슨 꿍꿍이속이야? 왜 이러는지 말해 주지 않으면 집에 갈 테야!"

"쉬! 우리는 이제 숫자 벌레를 없애는 의식을 치를 거야."

프랙탈의 말에 하나는 깜짝 놀랐다.

"뭐? 숫자 벌레를 없애는 의식이라고?"

"그래, 숫자 벌레를 없애는 의식을 치를 거야. 이 의식만 치르면 숫자 벌레들이 모두 죽어 버리고 이 세상의 모든 숫자도 사라져 버리는 거야."

하나는 프랙탈의 행동이 엉뚱해 보였다.

'한밤중에 학교 미술실에 몰래 들어와서 우스꽝스런 옷을 입고 이게 뭐 하는 짓이람!'

"나 집에 갈래. 장난치기에는 시간이 너무 늦었어. 내가 한밤중에 말도 없이 나간 걸 알면 엄마, 아빠가 화내실 거야."

하나는 입고 있던 망토 끈을 끄르려고 손을 들었다. 그런데 어찌된 일인지 몸이 마음대로 움직이지 않았다. 곧 정신까지 몽롱해졌다.

그사이 프랙탈은 가방 속에서 검은 유리병을 꺼내 그 안에 든 검은 가루를 탁자 위에 조금씩 뿌렸다. 검은 가루로 원을 완성하고 검은 가루 한쪽에 불을 붙였다. 불은 뿌려진 검은 가루를 따라 번져 나갔고 검은 연기는 원을 따라 피어올라 이내 탁자와, 하나와 프랙탈을 감싸며 주위를 빙그르르 돌기 시작했다.

하나는 마치 마법에라도 걸린 듯 몸이 얼어붙은 상태로 프랙탈을 지켜봐야만 했다. 프랙탈은 이번에는 가방 속에서 숫자 벌레로 보이는 그림을 꺼내 탁자 위에 올려놓고 두 팔을 벌려 주문을 외기 시작했다.

수의 세계에는
대머리 할아버지가 살고 있지.
우리가 대머리라고 놀려 대면
숫자 벌레를 하나씩 던져 버리지.
그럴 때마다
우리 머리카락도 한 가닥씩 빠지지.
그래도 좋아,
숫자 벌레를 없앨 수만 있다면.

프랙탈은 주문을 다 외운 후 가방에서 커다란 송곳을 꺼내 숫자 벌레 그림을 향해 내리꽂았다. 그 순간, 하나는 마치 최면에서 깨어난 듯 정신이 들었고, 겁에 질려 소리를 지르며 그곳을 뛰쳐나왔다.

그 시간, 하나의 집에서는 이상한 일이 벌어지고 있었다. 어디

선가 검은 그림자가 나타나 집 주위를 휘감더니 한동안 맴돌다가 사라졌다. 곧이어 하나가 숨을 헐떡이며 나타나 집 안으로 뛰어 들어갔다.

다음 날, 아무 일도 일어나지 않고 수학 시간이 끝나자 프랙탈의 얼굴은 실망감으로 가득했다.

"정말 오늘부터 수학 책을 볼 필요가 없다고 믿은 거야? 너무 순진한 거 아니야?"

프랙탈은 책상 위에 연필을 굴릴 뿐 아무 대꾸도 하지 않았다. 하나는 프랙탈 쪽으로 돌아앉으며 말했다.

"그런데 어제 그건 무슨 짓이야? 어떻게 그런 우스꽝스런 짓을 할 생각을 했어?"

"틀림없이 숫자 세계가 사라진다고 했는데……. 그런데 하나도 변한 게 없잖아. 난 오늘도 지겨운 수학 수업을 들었고, 선생님은 또 엄청나게 많은 숙제까지 내주셨어. 모두 다 엉터리였어!"

프랙탈은 씩씩거리며 자리에서 일어나 교실을 나가 버렸다.

집으로 가는 길에 프랙탈은 지난 며칠 동안 자신에게 일어난 일을 생각해 보았다. 도서관에서 책을 빌려 온 날, 새벽에 깨어 보니 컴퓨터를 켜 놓은 채 잠이 들어 있었다. 컴퓨터를 끄려고 보니

이상한 이메일이 와 있었다. 이메일을 보낸 사람은 자기가 수의 파괴자라고 했다. 그리고 자기를 도와준다면 수학을 없앨 수 있을 것이라고 했다. 프랙탈은 수의 파괴자가 시키는 대로 이것저것을 준비한 뒤 한밤중에 하나를 불러내어 숫자 벌레를 없애는 의식을 치른 것이다. 그러나 아무 일도 일어나지 않았고 놀림을 당한 것 같아서 기분이 나빴다.

프랙탈은 집에 오자마자 수의 파괴자에게 따지려고 방으로 달려 들어가 컴퓨터를 켜고 이메일 창을 열었다. 그런데 컴퓨터가 갑자기 작동을 멈추었다. 화면 창이 사라져 모니터를 몇 번 쳐 보았지만 화면에는 아무것도 뜨지 않았다. 화가 난 프랙탈은 컴퓨터의 전원 코드를 뽑아 버렸다. 그러자 전원이 나간 모니터 화면이 꿈틀거리더니 검은 그림자가 툭 튀어 나왔다. 프랙탈은 너무 놀라서 뒤로 나자빠졌다.

"수의 열쇠를 찾아라!"

검은 그림자는 겁에 질려 있는 프랙탈을 향해 말했다.

"수의 열쇠가 있는 곳으로 나를 데려가라!"

프랙탈은 무서웠지만 용기를 내어 소리쳤다.

"다…… 다 거짓말이죠? 당신이 시키는 대로 했지만 오늘 수학 시간은 평소와 다를 게 없었다고요!"

얼굴을 찡그리는 듯 검은 그림자의 얼굴 부분이 일그러졌다.

 "바보 같은 녀석! 현실 세계에서 일어나는 일은 아무 의미가 없다. 숫자는 기호일 뿐이다. 프랙탈이 너를 나타내는 이름일 뿐 네가 아닌 것처럼 말이다. 종이에 '프랙탈'이라고 쓴 뒤 그것을 지우개로 지운다고 해서 네가 없어지더냐? 악보가 사라진다고 해서 음악이 없어지더냐? 현실 세계에서 수학을 진짜 없애고 싶으면 숫자 세계로 가서 숫자 벌레들을 죽여야 한다. 그러기 위해서는 수의 열쇠가 필요하다. 어서 '수의 열쇠'를 찾아라."

 프랙탈은 겁에 질려 고개를 끄덕였다.

사라져 가는 숫자들

교무실에서는 한바탕 난리가 났다. 컴퓨터가 모두 바이러스에 감염되어 계속 이상한 오류 메시지만 뜨거나 작동하지 않았다. 컴퓨터로 수업을 준비한 선생님들은 허둥지둥댔고, 교감 선생님은 컴퓨터 서비스 센터에 연락을 했지만 전화는 계속 불통이었다.

수학 시간에 하마 선생님 역시 다른 때와 달리 계속 허둥댔다. 수학 책을 한참 들여다보다가 다시 칠판을 보며 혼자 뭐라고 중얼거리기를 반복했다.

"이상하단 말이야. 분명히 이렇게 계산을 하는 건데 답이 틀려."

선생님은 도무지 모르겠다는 듯 고개를 갸우뚱거렸다. 아이들은 선생님이 어려운 수학 공부를 너무 많이 해서 머리가 이상해지신 것이 틀림없다고 수군거렸다.

프랙탈은 그런 선생님의 모습을 보며 만족스런 미소를 지었다.

"숫자 벌레들이 죽어 가고 있는 것이 틀림없어. 이제야 슬슬 효과가 나타나는군!"

하나는 깜짝 놀라 프랙탈을 보았다.

"지금 뭐라고 했어?"

"두고 봐. 이제 수학은 서서히 없어지게 될 거야. 더 이상 지겨운 수학 공부를 하지 않아도 되는 거지."

하나는 걱정스런 얼굴로 프랙탈을 보다가 수학 책으로 눈길을 돌렸다. 그 순간, 하나는 너무 놀라 하마터면 "악!" 하고 소리를 지를 뻔했다. 수학 책이 기괴하게 깨진 숫자들로 가득했기 때문이다. 뒷장을 넘겨 보아도 모두 깨진 숫자들로 뒤죽박죽이었다. 하나는 얼른 프랙탈의 수학 책을 살펴보았다. 프랙탈의 수학 책에는 아무런 변화가 없었다. 하나는 다시 자기 책을 보았다. 신기하게도 조금 전 깨진 숫자들은 보이지 않았다.

하나는 하루 종일 모든 것이 뒤죽박죽된 듯한 느낌이 들었다. 학교를 마치고 집으로 오는 길에 고장이 나서 길가에 줄지어 서 있는 자동차들을 보았다. 과자를 사 먹으러 편의점에 갔을 때는 바코드 기계가 고장 나서 편의점 아저씨가 물건 값을 하나하나 확인한 뒤 돈을 받고 거스름돈을 주는 바람에 줄을 서서 한참을 기다려야 했다. 가판대에 놓인 신문에는 컴퓨터 바이러스가 전 세계에 퍼져 대혼란이 생겼다는 기사가 대문짝만 하게 나 있었다.

하나는 집에 오자마자 컴퓨터부터 켰다. 다행히 하나의 컴퓨터는 바이러스에 감염되지 않았는지 제대로 작동했다. 편지함을 열어 보니 누군가가 보낸 이메일이 와 있었다.

"숫자 세계가 위험하다.
어서 숫자 세계로 가는 문을 열어야 한다."

'숫자 세계가 위험하다고?! 도대체 누가 이런 이메일을 보냈지?'

하나는 문득 수학 책의 깨진 숫자들이 생각났다. 그래서 얼른 가방에서 수학 책을 꺼내 다시 펼쳐 보았다. '42+32=28'이라는 식이 눈에 띄었다.

'어, 이상하다? 이건 틀린 계산인데……? 수학 책에 어떻게 이런 틀린 답이 나와 있을까?'

계산 결과가 틀린 식은 그것만이 아니었다. 하나는 같은 쪽에서 틀린 식을 세 개나 찾아냈다. 아무리 생각해 보아도 이해할 수 없었다.

하나는 수학 책을 들고 거실로 나갔다. 엄마는 가계부를 적고 계셨다.

"거참 이상하다. 1500+1300은 1200이 맞는데 왜 계산이 안 맞지?"

"엄마, 1500+1300은 2800이잖아요."

"1500+1300은 1200이지! 너는 덧셈도 할 줄 모르니?"

엄마는 괜스레 하나에게 핀잔을 주었다. 옆에 계시던 아빠도 하나를 보며 혀를 끌끌 차셨다.

하나는 분명히 무언가 잘못되어 가고 있음을 느꼈다.

"혹시 숫자 세계에 무슨 일이 생긴 게 아닐까? 그럼 큰일인데, 어떡하지?"

하나는 오래전에 할아버지께서 주신 상자가 생각났다.

"하나야, 만일 숫자 세계가 위험해지면 이 상자를 꼭 열어 보거라."

'맞아, 지금이 바로 그 상자가 필요한 때인지도 몰라.'

하나는 할아버지께 받은 상자를 보관해 둔 지하 창고로 뛰어갔다. 그곳은 원래 할아버지의 서재였는데 할아버지가 돌아가신 뒤에는 집에서 쓰지 않는 물건들을 넣어 두는 창고로 사용했다.

창고에는 할아버지가 보시던 책들이 한쪽 벽면 가득히 꽂혀 있었고, 바다 풍경을 그린 그림이 벽에 걸려 있었다. 그리고 창고 한가운데에 커다란 책상과 의자가 있었다.

하나는 책상으로 가 서랍을 열고 그 속에서 상자를 꺼냈다. 상자에는 자물쇠가 채워져 있었다. 하나는 목에 걸고 있던 목걸이를 풀었다. 목걸이는 할아버지께서 주신 것으로, 장식으로 열쇠가 달려 있었다. 하나는 목걸이의 열쇠로 상자의 자물쇠를 열었다. 상자 속에는 편지가 한 장 들어 있었다.

하나가 이 편지를 보지 않기를 바라지만, 만일 이 편지를 읽고 있다면 숫자 세계가 위험하다는 징표란다. 아마 수의 파괴자가 깨어나 숫자 세계를 위험에 빠뜨리려고 하는 것 같구나.

하나야, 우리 집안은 숫자 세계를 보호해야 할 임무가 있는 수의 수호자 집안이란다. 이제 내가 없으니 하나가 숫자 세계를 지켜야 한다.

지금부터 할아버지가 하는 얘기를 잘 들으렴. 책장에 있는 책들을 보면 모두 번호가 붙어 있을 게다. 그 번호가 바로 숫자 세계로 통하는 문을 찾을 수 있는 열쇠란다.

그 문으로 들어가면 《수의 열소´》가 있지. 바로 그 《수의 열쇠》가 숫자 세계로 가는 길을 열어 줄 것이다.

　　숫자 세계에 가면 제일 먼저 수의 문지기를 찾거라. 수의 문지기가 너를 도와줄 것이다.

　　하나야, 숫자 세계를 부탁한다. 그리고 이 할아버지가 언제나 네 곁에 있다는 것을 기억하렴.

그리고 편지 맨 아래에는 그림과 함께 한 줄의 문장이 쓰여 있었다.

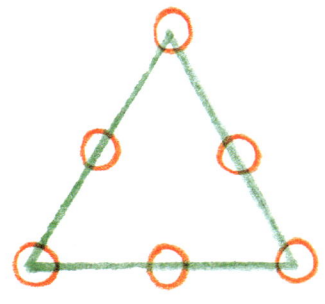

1, 2, 3, 4, 5, 6이 모여 어느 방향에서든 그 합이 10을 이루게 될 때 문이 열릴 것이다.

'이게 무슨 뜻일까……?'

하나는 편지의 마지막에 쓰인 수수께끼 같은 문장을 한참 동안 보았다.

그때 초인종 소리가 들렸다.

"하나야, 어디 있니? 프랙탈이 왔구나."

하나는 편지를 다시 상자에 넣고 자물쇠를 채운 뒤 서랍 속에 넣었다. 거실로 가 보니 프랙탈이 커다란 가방을 메고 심각한 표정으로 서 있었다.

"하나야, 지금 숫자 세계가 위험해."

"뭐라고? 또 무슨 장난을 치려고!"

"장난이 아냐. 난 지금 심각하단 말이야. 갑자기 세상이 엉망으로 변한 것 같아. 난 단지 수학 공부가 하기 싫어서 그랬던 건데……."

"너, 대체 무슨 일을 저지른 거야?"

프랙탈은 잠시 머뭇거리더니 조심스럽게 말했다.

"사실은 그저께 밤에 우리 둘이 미술실에서 한 건 진짜로 숫자 벌레를 없애는 의식이었어. 검은 그림자가 숫자 벌레를 없애는 의식을 가르쳐 주었거든. 검은 그림자는 자신을 수의 파괴자라고 했어."

"뭐? 수의 파괴자?!"

"나도 자세히는 몰라. 하지만 지금 숫자 세계에 문제가 생긴 것만은 분명해! 세상이 엉망이 되어 버렸거든. 거리에는 고장 난 차들이 가득하고, 모든 컴퓨터에서 오류 메세지가 떠. 또 우리 아파트는 호수가 뒤죽박죽되어 버렸어. 난 단지 수학이 싫어서 그랬던 건데, 일이 이렇게 커질 줄은 몰랐어. 정말이야."

하나는 프랙탈의 말을 듣고 문제가 점점 더 심각해지고 있음을 느꼈다.

"일이 이렇게 된 이상, 어서 위험에 빠진 숫자 세계를 구하는 방법밖에 없어."

"숫자 세계를 구하려면 숫자 세계에 들어가야 할 텐데……, 어떡하지?"

"사실은 우리 할아버지께서 돌아가시기 전에 나에게 뭘 하나 남겨 주셨어."

"뭘?"

"따라와 봐."

하나는 프랙탈을 지하 창고로 데리고 갔다. 그리고 책상 서랍에서 상자를 꺼내 프랙탈에게 할아버지의 편지를 보여 주었다.

"바로 이거야! 이 편지가 숫자 세계로 들어가는 열쇠가 될 수 있을 거야!"

프랙탈은 편지를 건네받아 쭉 읽었다.

"1, 2, 3, 4, 5, 6이 모여 어느 방향에서든 그 합이 10을 이루게 될 때 문이 열릴 것이다? 이게 무슨 뜻이지?"

"나도 모르겠어. 무슨 암호 같기도 하고……."

하나는 고개를 갸우뚱하며 책장으로 눈을 돌렸다. 그런데 책장을 가만히 보니 군데군데 책이 꽂혀 있지 않고 비어 있었다. 프

랙탈도 하나를 따라 편지와 책장을 번갈아 보다가 무언가 비슷한 점을 발견했다.

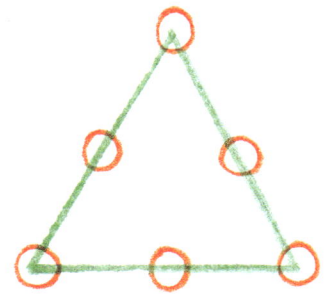

1, 2, 3, 4, 5, 6이 모여 어느 방향에서든 그 합이 10을 이루게 될 때 문이 열릴 것이다.

"하나야, 이것 좀 봐. 편지에 있는 그림과 책장의 비어 있는 곳이 똑같아."

프랙탈의 말처럼 책이 꽂혀 있지 않고 비어 있는 곳은 삼각형을 이루고 있었다.

"그리고 편지에는 책의 번호가 열쇠라고 되어 있어. 그렇다면 1, 2, 3, 4, 5, 6의 번호가 있는 책을 저 빈 곳에 꽂으면 되지 않을까?"

"음……, 듣고 보니 그러네. 그리고 어느 방향에서든 그 합이 10을 이룬다? 이게 해답이 될 수 있을 것 같은데……. 아, 알겠다! 이 그림을 잘 봐. 이 그림에는 현재 세 개의 직선이 삼각형을 이루고 있어. 그러니까 직선을 방향으로 볼 수 있고 삼각형의 각 꼭짓점을 그 방향이 시작되는 곳이라고 볼 수 있겠지. 그리고 원 위에 숫자를 놓는다고 가정하면 각 직선 위에 놓인 세 숫자의 합이 모두 10이 되도록 숫자를 놓으면 될 것 같아. 그리고 나서 이 그림대로 책장의 빈 곳에 번호에 맞게 책을 꽂으면 되고!"

"아, 그렇구나! 흠, 역시 그 할아버지에 그 손녀군……."

프랙탈은 알 수 없는 미소를 지으며 중얼거렸다.

"지금 뭐라고 했어?"

"아니야. 어서 책을 꽂아 보자."

하나와 프랙탈은 그림에 합이 10이 되도록 숫자를 넣어 본 뒤 그 숫자대로 번호에 맞게 책을 꽂았다. 마지막 책을 책장에 꽂았을 때 놀랍게도 책장이 스르르 움직였다. 열린 책장 뒤로, 아래로 내

려가는 계단이 보였다.

"와! 이런 곳이 있다니!"

프랙탈은 입구에 서서 계단 아래를 살폈다. 그곳은 빛 한 줄기도 새어 들지 않는 컴컴하고 으스스한 곳이었다.

프랙탈은 숨을 한 번 크게 내쉰 뒤 조심스럽게 계단을 내려갔다. 눈이 어둠에 익숙해지자 무언가 프랙탈을 노려보고 있는 것이 느껴졌다. 프랙탈은 등골이 오싹해지면서 그만 다리에 힘이 풀려 그 자리에 주저앉고 말았다.

프랙탈이 밖으로 나가려고 허둥지둥 기며 헤매고 있을 때 전등이 딱 하고 켜졌다.

"불은 켜고 들어가야지."

하나는 사색이 된 얼굴로 바닥을 기고 있는 프랙탈을 발견하고는 크게 웃음을 터트렸다. 프랙탈은 그 자리에서 벌떡 일어났지만 자존심이 상했다. 남자 체면이 말이 아니었다.

프랙탈은 자신을 놀라게 한 것이 무엇인지 살펴보았다. 그것은 커다란 동상이었다. 얼굴은 마치 하마와 같았고 머리에는 뿔이 달려 있었으며 몸통은 악어의 몸처럼 울퉁불퉁했다. 하나도 기괴한 모습의 동상을 보자 겁이 났다. 하지만 아무렇지 않은 척하며 동상 가까이 갔다.

"할아버지는 왜 이런 것을 놓아 두셨담……?"

하나가 동상을 가만히 살펴보니 동상의 배 부분이 움푹 들어가 있었고, 그곳에 책이 한 권 놓여 있었다.

"이것 좀 봐. 여기에 책이 있어."

"그 책이 바로《수의 열쇠》일 거야. 그 책이 있어야 숫자 세계로 들어갈 수 있어."

프랙탈은 둘러메고 있던 가방을 얼른 내려놓고 노트북을 꺼냈다.

"웬 컴퓨터? 이걸 왜 가지고 왔어?"

프랙탈은 하나의 말을 못 듣기

라도 한 듯 아무 대답도 하지 않고 컴퓨터를 켰다. 그 순간, 마치 노트북이 살아 있는 것처럼 꿈틀하더니 모니터에서 검은 그림자가 쑥 하고 나왔다.

하나는 너무 놀라 온몸이 뻣뻣하게 굳어 버렸다. 검은 그림자는 겁먹은 하나의 얼굴을 보고 씩 웃었다.

"네가 하나구나. 지금 숫자 세계가 위험하다. 어서 숫자 세계로 가는 문을 열어야 한다."

"당신이 저한테 이메일을 보냈군요?"

"그렇단다."

"하지만 저도 문을 어떻게 여는지 몰라요."

"어렵지 않아. 《수의 열쇠》에 손을 얹고 숫자 세계로 들어가고 싶다고 생각하렴."

하나는 프랙탈을 보았다. 프랙탈은 무엇이 좋은지 옆에서 히죽거리고 있었다. 하나는 그런 프랙탈의 모습에서 알 수 없는 불안을 느꼈다. 그러다가 문득 생각이 났다.

"혹시 당신이 검은 그림자?! 프랙탈, 맞지? 바로 그 수의 파괴자라는……!"

검은 그림자의 표정이 순식간에 일그러졌다.

"흠, 제법 눈치가 빠른 아이로군. 그래, 네가 말한 것처럼 난 수의 파괴자다. 내가 너에게 이메일을 보낸 건 숫자 세계로 가는 문을 찾기 위해서였다. 저 문을 열기 위해서는 네가 있어야만 하지. 보다시피 난 영혼만 있고 몸이 없거든. 그래서 숫자 세계에 있는 내 몸을 찾아야만 하지. 자, 이제 숫자 세계의 문을 열어라. 시키는 대로 하지 않으면 가만두지 않겠다!"

검은 그림자가 하나를 감싸려 하자 하나는 두려움에 뒷걸음질 치다가 자기도 모르게 동상을 만졌다. 그 순간, 동상에서 강렬한 빛이 뿜어져 나왔다. 검은 그림자는 동상의 빛에 반사되어 튕겨 나갔다.

"아악! 저 동상에서 나오는 빛을 막아!"

검은 그림자는 프랙탈 뒤로 몸을 숨기며 소리쳤다.

"어, 어떻게 막아요?!"

어쩔 줄 몰라 하는 프랙탈 뒤에서 검은 그림자는 책상 위에 놓여 있는 잉크를 발견했다.

"저기, 책상 위에 있는 잉크를 동상에다 뿌려!"

프랙탈은 재빨리 책상으로 달려가 잉크 병의 뚜껑을 돌렸다. 그러나 뚜껑은 꿈쩍도 하지 않았다.

"그러지 마, 프랙탈! 검은 그림자의 말을 들어선 안 돼!"

하나가 소리쳤지만 프랙탈은 아랑곳하지 않고 잉크 병을 열려고 끙끙거렸다.

"그냥 빨리 잉크 병을 던져!"

검은 그림자의 고함 소리에 놀라, 프랙탈은 잉크 병을 동상을 향해 던졌다.

잉크 병은 "퍽" 하고 깨졌고, 잉크가 동상을 타고 흘러내렸다. 동상에서 뿜어져 나오던 빛이 잉크에 덮여 약해졌다. 빛이 약해지자 검은 그림자가 다시 하나를 감싸려고 일렁였다.

도망갈 곳이 없다고 생각한 하나는 마지막으로 《수의 열쇠》에 손을 올리고 눈을 감아 보았다. 그 순간, 책의 가운데에 구멍이 생기더니 점점 커지면서 하나의 몸을 빨아들이기 시작했다. 그 세기는 점점 강해졌고 마침내 하나의 온몸을 빨아들였다. 검은 그림자도 그 기운을 놓치지 않고 하나의 뒤를 쫓아 다시 작아지는 구멍 속으로 함께 빨려 들어갔다.

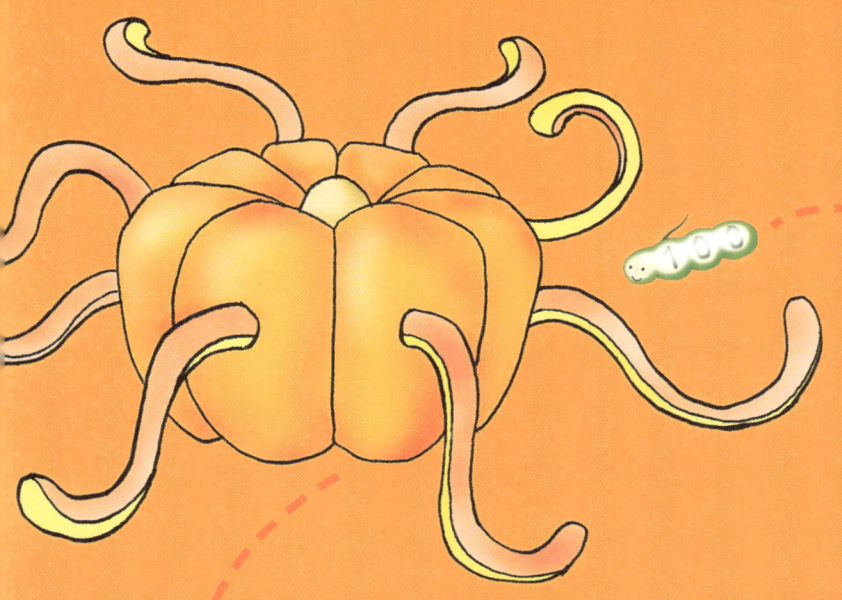

제2장

숫자 세계 속으로

숫자 세계는 무척 아름다웠다.
마치 신비로운 바다 세계 같았다.
바다처럼 물이 있지는 않지만 숫자 벌레들은 물고기보다
더 부드럽게 헤엄치듯 떠다녔다.

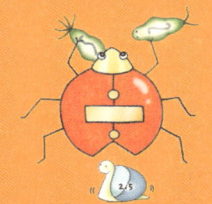

수의 문지기

　　하나가 눈을 뜬 곳은 투명한 유리 세계 같았다. 모든 것이 사라져 버린 세계처럼 아무것도 존재하지 않는 공간에서 하나의 몸은 투명한 유리를 밟고 서 있는 것처럼 공중에 붕 떠 있었다. 하나는 낯선 환경에 있는 자신을 발견하고는 덜컥 겁이 났다.

　　"여기가 숫자 세계일까? 저기, 누구 없어요?!"

　　아무 소리도 들리지 않았다.

　　"여보세요. 누구 없어요?!"

　　"대체 어떤 녀석이야? 누가 단잠을 깨우는 거야?"

　　어디선가 화난 목소리가 들려왔다. 하나는 간이 콩알만 해져서 아무 대답도 하지 못했다.

　　"넌 누구냐? 여기서 뭐 하고 있는 거냐?"

어떤 물체가 휙 날아와 하나 앞에 섰다. 하나는 갑자기 나타난 물체의 모습에, 놀라기는커녕 하마터면 웃음을 터뜨릴 뻔했다.

하나 앞에 선 것은 우스꽝스러운 옷을 입은 아저씨였다. 웃옷은 초록색으로 버섯처럼 생겼고, 바지는 둥근 공을 여러 개 묶어 놓은 것 같았다. 게다가 걸을 때마다 옷 전체가 출렁거려서 마치 몸이 옷에 쓸려 다니는 것처럼 보였다.

하나는 웃음을 참으려고 애썼지만, 아저씨가 뒷짐을 지고 하나 앞을 왔다 갔다 하는 모습에 결국 웃음을 터뜨리고 말았다. 아저씨는 못마땅한 듯 얼굴을 찡그렸다.

"어허, 단잠을 깨우더니 비웃기까지 하는군!"

"아니에요. 아저씨를 비웃는 게 아니에요. 저는 다만……, 하하하!"

하나는 터져 버린 웃음을 멈출 수 없었다. 아저씨는 화가 난 듯 얼굴이 붉어지더니 홱 하니 돌아서서 가려고 했다.

"제발 가지 마세요. 이젠 정말로 안 웃을게요."

아저씨는 기우뚱 몸을 돌려 하나를 쳐다보았다.

"그런데 왜 이곳에 혼자 있는 거냐?"

"저는 수의 문지기를 찾으러 왔어요."

"수의 문지기?"

"할아버지가 숫자 세계에 오면 수의 문지기를 찾으라고 하셨어요. 어디 있는지 아세요?"

"몰라."

"아저씨가 수의 문지기 아니세요?"

"아니야! 내 단잠을 깨우더니 귀찮게 구는군."

"숫자 세계에 무슨 일이 생긴 게 틀림없어요. 수학 책이 뒤죽박죽되고 세상이 온통 엉망진창이 되었다고요."

하나의 말에 아저씨의 얼굴이 굳었다.

"뭐? 벌써 세상이 그렇게 되었다고? 이거 큰일인데!"

"그러니까 빨리 수의 문지기가 있는 곳을 알려 주세요."

"너, 여기가 어디인 줄 모르니?"

"숫자 세계 아니에요?"

"여기는 숫자 세계와 현실 세계의 중간 지점이란다. 그리고 내가 바로 숫자 세계로 통하는 문을 지키는 수의 문지기이고."

"그럴 줄 알았어요. 아저씨가 수의 문지기일 거라고 생각했어요."

하나가 생긋 웃어 보였지만 수의 문지기는 여전히 심각한 표정이었다.

"아저씨, 숫자 세계에 무슨 일이 생긴 게 틀림없죠?"

"사실 네가 잠을 깨우지 않았다면 나도 몰랐을 거다. 하지만 지금 숫자 벌레들이 병들어 있는 것이 느껴져. 숫자 벌레들이 병에 걸려 하나둘 죽어 버리면 숫자 세계의 법칙이 무너지고, 세상도 큰 혼란에 빠지고 말 거야. 이렇게 될 때까지 나는 잠만 자고 있었으니 입이 열 개라도 할 말이 없구나."

"그럼 이제 어떻게 해야 하죠?"

하나도 아저씨의 표정에서 큰일이 벌어졌음을 느낄 수 있었다.

"그런데 너는 혼자 온 거니?"

"네."

"이름이 뭐지?"

"하나예요."

"하나라고? 그럼 네가 수의 수호자 집안의 손녀, 하나란 말이냐?"

"네."

"그렇구나. 이제 할아버지가 안 계시니 하나가 수의 수호자가 되겠구나."

"하지만 저는 아무것도 모르고 아무 능력도 없는걸요."

"아니다. 너는 이미 수의 수호자 능력을 타고났단다. 앞으로 필요할 때마다 그 능력이 나타날 게다."

하나는 초롱초롱한 눈으로 수의 문지기를 바라보았다.

"어서 숫자 세계에 무슨 일이 생겼는지 알아보자. 시간이 없구나."

수의 문지기는 하나를 안아 들더니 힘껏 뛰어올랐다. 하나와 수의 문지기는 마치 용수철처럼 튕겨 올라 멀리 날아갔다.

자연수 세계

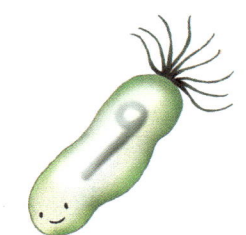

수의 문지기와 하나는 숫자 세계로 들어왔다. 숫자 세계는 무척 아름다웠다. 마치 신비로운 바다 세계 같았다. 바다처럼 물이 있지는 않지만 숫자 벌레들은 물고기보다 더 부드럽게 헤엄치듯 떠다녔다.

"숫자 세계가 이렇게 아름다운 줄 몰랐어요."

하나는 떠다니는 숫자 벌레들을 신기하게 바라보았다.

"숫자 세계는 미세한 빛 알갱이들로 가득 차 있단다. 바로 이 독특한 색을 가진 알갱이들 때문에 숫자 세계는 여러 가지 색을 띠는 것처럼 보인단다. 반사되는 빛에 따라 어느 곳에서는 푸른색 공간이 되고 또 어느 곳에서는 주홍빛 공간이 되지."

"그렇군요. 정말 예뻐요."

"숫자 세계는 여러 세계로 나뉘어 있단다. 지금 우리가 있는 곳은 자연수의 세계란다."

수의 문지기는 바로 앞을 지나가는 벌레를 잡아서 하나에게 보여 주었다.

"이건 1벌레란다. 자세히 보렴."

1벌레는 껍질이 반투명하여 숫자 1처럼 생긴 내장이 보였고, 뒤에는 꼬리가 하나 달려 있었다.

"저기를 봐라. 저것이 바로 2벌레란다."

수의 문지기가 가리키는 곳을 보니 꼬리가 두 개 달린 벌레가 떠다니고 있었다. 수의 문지기는 고무줄처럼 팔을 쭈욱 늘여서 2벌레를 잡았다. 2벌레 또한 껍질이 반투명하여 몸속 내장이 보였는데 그 모양이 마치 숫자 2 같았다.

주변으로 헤엄쳐 다니는 숫자 벌레들을 좀 더 자세하게 살펴본 하나는 숫자 벌레들의 특징을 알 수 있었다. 숫자 벌레는 꼬리의 수로 자신의 크기를 나타내었다. 이를테면 5벌레는 다섯 개의 꼬리가 달려 있었고, 9벌레는 아홉 개의 꼬리가 달려 있었다. 그리고 숫자 벌레의 내장은 숫자 모양을 하고 있었는데 껍질이 반투명했기 때문에 내장이 다 보였다.

하나는 신기한 숫자 벌레들의 모습을 넋을 잃고 바라보았다.

"아저씨, 숫자 벌레들이 정말 재미있게 생긴 것 같아요."

하나의 말에 수의 문지기는 아무 대답도 하지 않고 숫자 벌레의 움직임을 유심히 살펴보고 있었다.

"아무래도 이상하단 말이야."

"뭐가요?"

"음……, 저 쪽으로 가 보자."

수의 문지기는 하나를 안고 다시 한 번 껑충 뛰어올랐다.

하나와 수의 문지기가 날아간 곳은 조금 전의 맑고 투명한 세계가 아니었다. 비 오는 날의 하늘처럼 뿌옇게 흐려 있었고 불쾌한 냄새까지 스멀스멀 풍겨 오고 있었다.

"아저씨, 저기를 보세요. 숫자 벌레들이 이상해요."

하나가 가리킨 곳에서는 더하기 벌레와 빼기 벌레들이 무언가에 쫓겨 다니고 있었다. 가까이 가서 보니 더하기 벌레와 빼기 벌레를 공격하고 있는 것은 놀랍게도 1벌레였다. 1벌레는 조금 전에 본 녀석과는 달리 검푸른 색을 띠고 있었고, 대단히 난폭해서 더하기 벌레들을 쫓아다니면서 쪼고 있었다.

"네가 숫자 세계로 오기 전에 현실 세계가 이상해졌다고 했지? 그 원인이 저 1벌레 때문인 것 같구나. 1벌레는 모든 숫자 벌레를 만들어 내는 가장 기본적인 숫자 벌레인데, 저렇게 포악하게 변해 있으니 숫자 세계가 제대로 돌아갈 리 없지."

"1벌레가 저렇게 사나워져서 세상이 엉망진창이 된 거군요."

수의 문지기는 다시 한 번 깜짝 놀라 소리쳤다.

"그랬군! 수의 파괴자의 짓이로구나!"

하나는 수의 문지기가 쳐다보고 있는 곳을 보았다. 거기에는 이상하게 생긴 남자가 서 있었다. 그 남자는 대머리에다 턱에는 짧고 곱슬곱슬한 붉은 수염이 나 있었다. 그리고 검은 망토를 입고 있었는데 몸에 비해 옷이 너무 커서 아랫자락이 바닥을 쓸고 있었다.

"그런데 수의 파괴자의 몸은 숫자 세계의 깊은 어둠 속에 갇혀 있고 그 영혼은 현실 세계에 있을 텐데, 어떻게 영혼과 몸이 하나가 되어 나타난 거지?"

수의 문지기가 의아해하고 있을 때 수의 문지기를 발견한 수의 파괴자가 큰 목소리로 불렀다. 그 목소리가 어찌나 큰지 우레와 같이 하늘에 쩌렁쩌렁하게 울렸다.

"이게 누구야! 수의 문지기 아닌가! 잠꾸러기가 웬일로 깨어 있나, 하하하!"

"수의 파괴자, 어떻게 어둠의 계곡에서 빠져나왔는지 모르겠지만, 허튼짓은 그만둬!"

수의 파괴자는 수의 문지기가 하는 말에는 아랑곳하지 않고 음흉한 미소를 지으며 하나 쪽을 보았다.

"흐흐, 이 꼬마를 여기서 다시 만나는군."

하나는 수의 파괴자의 말에 소름이 끼쳤다.

"당신이…… 그 검은 그림자였던?!"

"하하하, 이제야 알아보는군. 수의 문지기, 내가 어떻게 탈출했는지 궁금하다고 했나? 바로 이 꼬마 덕분이지. 수의 수호자 집안의 이 꼬마가 나를 꺼내 주었지. 이제 네가 수의 수호자가 되겠구나, 하하하!"

하나는 멍한 얼굴로 수의 파괴자를 보았다.

"아니에요. 저는 그런 일을 한 적이 없어요."

"왜 아니야! 네가 나를 풀어 주는 의식을 치러 주었잖아."

하나는 의식이라는 말에 깜짝 놀랐다.

'혹시 프랙탈이 한 그 의식을 말하나? 정말 그것 때문에 수의 파괴자까지 풀려난 걸까?'

"네가 숫자 벌레를 죽이는 의식을 치러 주어서 내 영혼이 힘을 얻게 되었지. 그리고 네가 숫자 세계의 문을 열어 주어서 내 영혼이 몸과 합쳐질 수 있었고. 이것은 수의 수호자만이 할 수 있는 일이거든, 하하하!"

이렇게 말한 뒤 수의 파괴자는 옆을 지나가던 1벌레를 향해 "후!" 하고 입김을 불었다. 입에서 검푸른 입김이 뿜어져 나와 1벌레를 감쌌다. 검푸른 알갱이를 먹은 1벌레는 몹시 괴로운 듯 온몸을 꿈틀거렸다. 조금 뒤, 검푸르게 변한 1벌레가 몸을 추스르더니 주위의 숫자 벌레들을 공격하기 시작했다. 이 모습을 본 수의 문지기의 얼굴이 벌겋게 되었다.

"이거 큰일 났군! 검푸른 알갱이를 먹은 1벌레가 마치 암세포처럼 돌연변이가 되었어. 그래서 숫자 세계의 질서를 따르지 않고 난폭하고 사나워져서 다른 숫자 벌레들을 공격했던 거야!"

수의 문지기는 재빨리 몸에 힘을 주더니 난폭해진 1벌레를 향해 방귀를 "뽕!" 하고 뀌었다. 방귀를 맞은 1벌레는 다시 몸을 꿈틀대더니 몸뚱이가 점점 부풀어 올라 수십 배로 커졌다. 1벌레는 이리저리 돌아다니며 검푸른 알갱이들을 빨아들이기 시작했다.

주위에 있던 검푸른 알갱이들을 다 빨아들이자, 1벌레는 수의 파괴자의 입김에서 뿜어져 나오는 검푸른 알갱이들을 쫓아 수의 파괴자에게 달려들었다. 수의 파괴자는 미처 피할 겨를도 없이 순식간에 1벌레의 입속으로 빨려 들어갔다. 수의 파괴자를 삼킨 1벌레의 배가 더욱 커다랗게 부풀어 올랐다.

"와아, 아저씨! 수의 파괴자가 1벌레에게 먹혔어요!"

"하나야, 이제부터 내가 하는 얘기를 잘 들으렴."

수의 문지기는 진지한 얼굴로 하나에게 말했다.

"숫자 세계에는 어떤 법칙이 있단다. 바로 수학의 법칙이지. 모든 세계에는 그 세계의 질서를 이루는 일정한 법칙이 있단다. 숫자 세계에서 숫자 세계를 지배하는 수학의 법칙이 사라진다면 어떤 무서운 일이 벌어질지 정말 생각하기도 싫구나."

하나는 수의 문지기의 말을 듣다가 궁금한 생각이 들었다.

"아저씨, 숫자 세계의 법칙이라는 게 뭐예요? 좀 더 자세하게 이야기해 주세요."

"그래, 숫자 세계를 구하려면 숫자 세계를 움직이는 법칙에 대해 알아야 하지."

수의 문지기는 말을 이었다.

"우리는 다른 사람에게 자신의 생각을 전달하기 위해 말이나 글을 사용하지? 마찬가지로 숫자 벌레들에게도 이야기를 할 수 있단다."

수의 문지기는 팔을 뻗어 허공에 휘저었다.

1+1

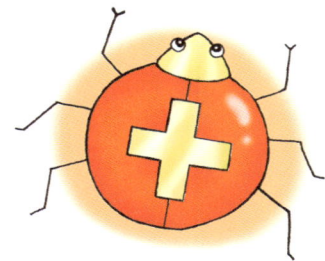

"이것은 숫자 벌레들에게 말을 하는 것이란다. '더하기 벌레야, 1벌레와 1벌레를 먹으렴.' 하고 이야기하는 것과 같아. 우리가 숫자 벌레들에게 이야기를 하려면 이런 기호를 써야 하지."

수의 문지기의 말이 끝나기도 전에 더하기 벌레가 1벌레 두 마리를 차례로 잡아먹었다. 그러자 더하기 벌레의 몸에서 경련이 일어나더니 꽁무니에서 또 다른 벌레 한 마리가 툭 튀어나왔다. 수의 문지기는 그 벌레를 잡아 하나에게 보여 주었다. 그것은 2벌레였다.

"아, 더하기 벌레가 1벌레 두 마리를 잡아먹더니 꽁무니에서 2벌레 한 마리가 나왔어요."

"그렇단다. 만일 빼기 벌레가 2벌레와 1벌레를 차례로 잡아먹었다면 1벌레를 내어놓았겠지. 어디 한번 볼까?"

2-1

수의 문지기가 팔을 허공에 휘젓자 숫자 벌레들이 바쁘게 움직였다. 빼기 벌레가 2벌레와 1벌레를 차례로 잡아먹고 트림을 "끄윽" 하니 꽁무니에서 1벌레 한 마리가 쏙 튀어나왔다.

수의 문지기는 다시 허공을 향해 팔을 휘저어서 숫자들을 써 내려갔다. 금세 숫자들이 모여 수식을 이루었다.

$$1 = 1$$
$$1+1 = 2$$
$$1+1+1 = 3$$
$$1+1+1+1 = 4$$
$$1+1+1+1+1 = 5$$
$$1+1+1+1+1+1 = 6$$
$$1+1+1+1+1+1+1 = 7$$
$$1+1+1+1+1+1+1+1 = 8$$
$$1+1+1+1+1+1+1+1+1 = 9$$

수의 문지기가 써 놓은 수식을 열심히 살펴보던 하나가 소리쳤다.

"알았다! 1벌레로 모든 수를 만들 수 있어요."

"그렇지? 하나는 정말 똑똑하구나. 그럼 더하기 벌레가 1벌레 열 마리를 먹으면 어떤 일이 벌어질까?"

"10벌레가 꽁무니로 나와요, 하하하!"

"그래, 잘 아는구나. 그럼 10벌레를 한번 만들어 볼까?"

수의 문지기는 팔을 휘저어 숫자들을 썼다.

1+1+1+1+1+1+1+1+1+1

그러자 더하기 벌레가 1벌레들을 잡아먹기 시작했다. 더하기 벌레는 눈 깜짝할 사이에 열 마리를 먹어 치우고는 몸을 꿈틀거렸다. 곧이어 더하기 벌레의 꽁무니로 또 다른 벌레 한 마리가 통 튀어나왔다. 수의 문지기는 재빨리 그 벌레를 잡아 하나에게 보여 주었다.

"이게 바로 10벌레란다. 10벌레의 생김새를 자세히 보렴. 조금 전에 본 1벌레나 2벌레와 좀 다르지?"

"음…… 꼬리가 하나이고 마디가 두 개네요. 1벌레와 2벌레는 둘 다 마디가 하나였거든요."

"그렇지? 여기서 어떤 법칙을 알 수 있지 않을까?"

"음…… 아, 알았다! 100벌레는 마디가 세 개겠군요. 그러니까

1의 자리 벌레들은 마디가 하나고, 10의 자리 벌레들은 마디가 둘, 100의 자리 벌레들은 마디가 셋, 이런 식으로 마디가 늘어나는 거지요?"

수의 문지기는 흐뭇한 표정으로 고개를 끄덕였다.

"참! 그런데 수의 파괴자를 먹은 1벌레는 어디 갔죠?"

수의 문지기와 하나는 수의 파괴자를 먹은 1벌레를 찾아보았다. 그 1벌레는 제 크기로 줄어들어 배가 홀쭉해져서는 기운이 쑥 빠진 채로 축 늘어져 있었다. 수의 파괴자는 사라지고 없었다.

"수의 파괴자가 도망갔나 봐요."

수의 문지기는 1벌레를 향해 "후" 하고 입김을 불었다. 그러나 1벌레는 꿈쩍도 하지 않았다. 너무 지쳐서 움직일 힘조차 없어 보였다.

"아저씨, 1벌레가 불쌍해요."

"조금 기다려 보자꾸나. 1벌레가 많이 힘들었나 보다."

잠시 후, 1벌레가 몸을 조금씩 꿈틀거리더니 정신을 차리는 듯했다. 고개를 들어 수의 문지기를 본 1벌레는 겁을 먹었는지 얼른 하나 뒤로 숨었다. 하나는 제 뒤에 숨은 1벌레를 가만히 보다가 갑자기 깔깔 웃었다.

"얘, 아저씨 방귀 냄새가 아주 지독했나 봐요, 하하하."

"그런가?"

수의 문지기는 멋쩍은 듯 머리를 긁적이며 따라 웃었다.

1벌레는 하나 뒤에서 조심스럽게 고개를 내밀어 수의 문지기를 훔쳐보고는 메스꺼운 표정을 짓더니 작은 입으로 침을 퉤 뱉었다.

"아까보다 더 지독한 방귀 맛을 보여 줄까?"

수의 문지기가 장난을 치자 1벌레는 다시 하나 뒤에 숨어 버렸다.

"아저씨, 그러지 마세요. 1벌레가 겁을 먹잖아요."

수의 문지기는 신기한 표정으로 1벌레에게 다가갔다.

"설마 내 말을 알아들은 것은 아니겠지?"

1벌레는 하나 뒤에 숨어서 수의 문지기를 향해 혀를 쏙 내밀었다. 수의 문지기는 귀여운 1벌레의 모습에 싱긋 웃으며 손을 내밀었다.

"이리 와라, 겁내지 말고."

"이리 와라, 겁내지 말고."

1벌레는 수의 문지기의 말을 그대로 따라 했다. 깜짝 놀란 수의 문지기는 무릎을 굽히고, 고개를 살짝 내밀고 있는 1벌레를 가만히 쳐다보았다.

"숫자 세계가 닫히기 전에 숫자 세계에는 수호자 벌레가 있었단다. 수호자 벌레는 현실 세계의 수호자를 이끄는 역할을 맡고 있었지. 하지만 숫자 세계가 닫히면서 수호자 벌레도 함께 사라졌단다. 그런데 이 1벌레는 검은 알갱이를 먹고, 다시 내 방귀와 수의 파괴자를 먹으면서 잃어버린 수호자 벌레의 능력을 되찾은 것 같구나."

이때 얼굴을 내밀고 있던 1벌레가 다시 하나 뒤로 쏙 숨었다. 하나가 돌아보니 더하기 벌레가 바로 옆에 와 있었다.

"난 더하기 벌레 녀석이 싫어."

수의 문지기는 1벌레를 걱정스러운 눈으로 보았다.

"1벌레는 다른 모든 벌레들을 만들어 내는 어머니 같은 벌레인데, 더하기 벌레를 무서워하다니……."

"나는 다른 벌레가 되는 게 싫어."

수의 문지기는 조심스럽게 1벌레에게 손을 내밀었다. 하지만 1벌레가 손을 물려고 달려드는 바람에 수의 문지기는 얼른 손을 치워야 했다.

"이 녀석, 보통이 아닌데!"

하나가 웃으며 수의 문지기에게 말했다.

"아저씨가 싫은 모양인데요."

"그런 것 같구나."

하나는 1벌레를 손에 올려놓고 1벌레의 배를 손가락으로 살살 문질렀다. 1벌레는 좌우로 뒹굴며 까르르 웃었다.

"네 이름을 뭐라고 하면 좋을까? 맞아! 투덜이라고 해야겠다. 투덜이 어때요?"

"어울리는 이름 같구나. 그래, 이제부터 투덜이가 네 이름이다."

수의 문지기도 맞장구를 쳤다.

"감히 나를 숫자 벌레 배 속에 집어넣어?!"

사라졌던 수의 파괴자가 씩씩거리면서 나타났다. 투덜이는 재빨리 하나의 옷 속으로 숨었다. 수의 파괴자는 단단히 화가 난 표정으로 수의 문지기를 노려보며 말했다.

"나도 가만있지 않겠다. 수의 문지기의 솜씨가 얼마나 좋은지 모르겠지만, 오늘은 내가 한 수 가르쳐 주지."

수의 파괴자는 대결을 신청했다.

"1벌레는 모든 수를 만들어 낼 수 있다. 다시 말해 모든 숫자 벌레의 어머니 같은 벌레지. 자, 누가 먼저 10000벌레를 만들어 낼 수 있는지 내기를 하자. 내기에서 진 사람이 1벌레 배 속에 들어가는 거다!"

수의 문지기도 지지 않고 대답했다.

"좋아, 그럼 한 수 배워 보지."

수의 파괴자는 수의 문지기의 말이 끝나기도 전에 마치 오케스트라 지휘자가 된 것마냥 팔을 들어 이리저리 휘저었다. 수의 파괴자의 손놀림에 따라 허공에 숫자들이 만들어졌다.

1+1+1+1+1+1+1+1+1+1+1+1+1+1+1+1+1+1+1+1
+1+1+1+1+1+1+1+1+1+1+1+1+1+1+1+1+1+1+1+1
+1+1+1+1+1+1+1+1+1+1+1+1+···

　　수의 문지기는 수의 파괴자가 정신 없이 숫자를 쓰고 있는 것을 가만히 보기만 했다. 옆에서 지켜보는 하나가 오히려 안달이 날 지경이었다.
　　'도대체 아저씨는 뭘 믿고 저렇게 여유를 부리고 계시담! 저러다가 1벌레 배 속에 들어가게 되시는 거 아냐?'
　　수의 파괴자의 온몸이 땀에 젖어 갈 무렵, 수의 문지기가 팔을 휘저어 숫자를 쓰기 시작했다.

1×10000
10×1000
100×100

65

순식간에 세 마리의 10000벌레가 튀어나왔다. 수의 파괴자의 얼굴이 하얗게 질렸다가 다시 벌겋게 달아올랐다. 수의 문지기는 당황하는 수의 파괴자를 향해 의기양양하게 말했다.

"이봐! 1벌레 10000마리를 더하기 벌레에게 먹이려 들다니 정말 어리석기 짝이 없군. 곱하기 벌레가 있다는 사실을 잊어버린 건가?"

수의 파괴자는 분을 삭이지 못하고 씩씩거렸다.

"좋아! 다시 한 번 하자. 이번에는 이렇게 쉬운 것 말고 좀 더 머리를 써야 하는 것으로 하지. 더하기 벌레가 4벌레를 몇 마리 먹어야 10000벌레를 만들어 낼 수 있는지 누가 더 빨리 알아내나 시합하는 거다. 자, 시작!"

이번에도 말이 끝나기가 무섭게 수의 파괴자는 팔을 휘저어 정신없이 숫자들을 쓰기 시작했다.

4+4+4+4+4+4+4+4+4+4+4+4+4+4+4+4+4+4+4+4+4+4+4+4+4+4+4+4+4+4+···

수의 문지기 역시 웃고만 있었다. 하나는 조마조마해서 투덜

이에게 속삭였다.

"이번에는 아저씨가 진짜 질 것만 같아. 투덜아, 너도 불안하지?"

투덜이도 고개를 끄덕였다.

여유를 부리던 수의 문지기가 허공을 향해 팔을 들어 숫자들을 쓰기 시작했다.

10000÷4

그러자 순식간에 나누기 벌레가 2500벌레를 내어놓았다. 수의 문지기가 또 이긴 것이다.

"야아~!"

신이 난 하나와 투덜이는 팔짝팔짝 뛰면서 환호성을 질렀다.

"4벌레 2500마리가 필요하군."

수의 파괴자는 온몸을 부르르 떨었다. 수의 문지기는 불쌍하다는 듯 수의 파괴자를 보며 고개를 가로저었다.

"이봐! 숫자 세계에 대해 그렇게 잘 안다면서 어떻게 만날 더하기 벌레밖에 쓸 줄 모르나? 이번에는 나누기 벌레가 있다는 사실을 잊어버린 건가?"

수의 문지기는 옆에서 손뼉을 치며 좋아하고 있는 하나를 향해 말했다.

"그럼 우리, 수의 파괴자를 다시 숫자 벌레 배 속에 집어넣어 볼까?"

수의 문지기의 말에 투덜이가 하나 뒤로 얼른 숨었다. 그러고는 구역질하는 시늉을 했다.

"하하하! 아저씨, 투덜이가 속이 안 좋은가 봐요."

수의 문지기도 투덜이를 보며 함께 웃었다.

"흥! 그까짓 쉬운 문제 하나 이겼다고 자신만만해 하는데, 그건 착각이야!"

수의 파괴자가 옷 속에서 기다란 뱀을 꺼내 수의 문지기를 향해 던졌다. 눈 깜짝할 사이에 뱀은 수의 문지기의 몸을 칭칭 감았다.

"저 뱀에 감기면 생각도 멈추고 몸도 움직일 수 없지, 하하하! 하지만 난 그렇게 무자비하지 않아. 뱀의 마법을 풀 수 있는 힌트 하나를 베풀지!"

수의 파괴자는 통쾌하게 웃으며 겁에 질린 하나에게 말했다.

"저 뱀은 어떤 벌레 여러 마리가 모여 만들어진 것이다. 만일 곱하기 벌레가 이 벌레와 다른 숫자 벌레를 먹으면 이 벌레는 사라지고 함께 먹은 다른 숫자 벌레가 그대로 나오게 된다. 또 나누기 벌레가 어떤 숫자 벌레를 먹고 나서 이 벌레를 먹으면, 마찬가지로 이 벌레는 없어지고 먼저 먹은 벌레가 그대로 나온다. 그런데 나누기 벌레가 이 벌레를 먼저 먹고 다른 숫자 벌레를 먹으면 먹은 숫자 벌레들을 소화시키지 못하고 배탈이 나 버리고 만다. 자, 이게 어떤 벌레냐? 네가 이 벌레의 이름을 말하는 순간, 뱀의 마법은 풀릴 것이다. 아, 하나 더 말해 줄까? 지금 이곳이 자연수의 세계라는 사실을 잊지 마라."

"내기에 져 놓고 이런 법이 어디 있어요!"

하나는 화가 나서 소리쳤다. 수의 파괴자는 하나의 말에 아랑곳하지 않고 어디론가 날아가 버렸다. 수의 문지기는 온몸을 뱀이 칭칭 감고 있어서 꼼짝도 못하고 있었다.

하나는 수의 문지기를 구할 방법을 찾기 위해 이리저리 궁리해 보았지만, 머릿속이 텅 빈 것처럼 아무 생각도 나지 않았다. 하나는 조바심이 났다. 빨리 답을 생각해 내지 못하면 몸을 조이는 뱀 때문에 수의 문지기는 숨이 막혀 죽을 것이다.

'다른 벌레와 함께 곱하기 벌레나 나누기 벌레에게 먹히면 자신은 사라지고 그 벌레만 그대로 나오게 만드는 벌레가 뭘까? 그런데 나누기 벌레가 이 벌레를 먼저 먹고 다른 벌레를 먹으면 소화를 못 시키고 배탈이 난다고? 또 이곳이 자연수의 세계라는 말은 왜 한 거지?'

하나는 곰곰이 생각해 보았지만 어떤 벌레를 말하는지 도무지 알 수가 없었다.

"투덜아, 어쩌지? 전혀 모르겠어. 너는 어떤 벌레가 답인지 알 수 있겠니?"

"글쎄……."

투덜이가 고개를 갸우뚱했다. 하나는 그런 투덜이를 빤히 쳐다보았다. 그러다 번뜩하고 떠올랐다.

"맞아! 너도 곱하기 벌레에게 먹히면 어떤 벌레와 함께 먹혀도 너는 사라지고 그 벌레가 그대로 나오잖아. 곱하기 벌레는 그렇다고 치고 나누기 벌레에게 먹히면 어떻게 되지? 그럼 투덜이를 나누기 벌레에게 먹여 볼까?"

"싫어! 나누기 벌레는 싫어!"

투덜이는 재빨리 하나의 등 뒤로 숨었다.

"…… 할 수 없지, 뭐."

하나는 수의 문지기가 한 것처럼 팔을 휘저어 허공에 숫자들을 써 내려갔다.

$$1 \div 1 = 1$$
$$2 \div 1 = 2$$
$$3 \div 1 = 3$$
$$4 \div 1 = 4$$
$$5 \div 1 = 5$$

하나가 팔을 휘저어 숫자들을 쓰는 대로 숫자 벌레들이 바쁘게 움직였다.

"어떤 수를 1로 나누면 모두 나누어떨어지는구나. 그럼 거꾸로 1을 어떤 수로 나누면 어떻게 될까?"

$$1 \div 2$$
$$1 \div 3$$
$$1 \div 4$$
$$1 \div 5$$

"1은 다른 어떤 수로도 나누어떨어지지 않는군. 맞아! 답은 1벌레야. 나누기 벌레가 어떤 숫자 벌레를 먹은 뒤 이 벌레를 먹으면 먼저 먹은 숫자 벌레를 그대로 내어놓지. 또 나누기 벌레가 이 벌레를 먼저 먹은 뒤 어떤 숫자 벌레를 먹으면 절대 소화시킬 수 없어. 그런 역할을 하는 건 1벌레뿐이야."

하나의 말이 끝나기가 무섭게 수의 문지기의 몸을 죄고 있던 뱀이 꿈틀대기 시작했고 그 모습이 서서히 변하였다.

|+|+|+|+|+|+|+|+|+|+|+|+|+|+|+|+|+|
+|+|+|+|+|+|+|+|+|+|+|+|+|+|+|+|+…

자세히 보니 1벌레들이 쇠사슬처럼 엮여 뱀을 이루고 있었다. 하지만 사슬은 풀리지 않고 여전히 수의 문지기를 칭칭 감고 있었다.

그제야 투덜이는 하나의 등 뒤에서 빼꼼히 고개를 내밀었다. 하나는 한심한 눈으로 투덜이를 보았다.

"너 정말 아무 도움도 안 되는구나."

"나를 보고 맞춘 거잖아."

"이미 다 알고 있던 거야."

하나와 투덜이가 옥신각신하고 있을 때 시커먼 연기가 나타나 수의 파괴자로 변했다.

"생각보다 영리하군."

수의 파괴자는 팔짱을 끼고 서서 하나를 내려다보고 있었다. 하나는 화가 나서 소리쳤다.

"아저씨 마법은 형편없군요! 마법이 풀린다더니 사슬이 그대로잖아요!"

"아직 끝나지 않았다. 사슬을 풀려면 네가 직접 사슬을 끊어야 한다. 1이 아니면서 1과 자신 말고는 나누어떨어지지 않는 수를 찾아서 그 수만큼 사슬을 끊어 나가야 한다. 한 번 끊어 낸 수를 다시 쓰면 안 된다. 잘못 끊거나 요령을 부리면 사슬의 저주가 내릴 것이다."

수의 파괴자는 말을 마치자마자 또다시 사라져 버렸다. 하나는 화가 났지만 수의 문지기를 살리려면 수의 파괴자가 시키는 대로 하는 수밖에 없었다.

"투덜아, 너는 어떤 수들을 말하는지 알겠니?"

투덜이는 이맛살을 찌푸렸다.

"물론 잘 알지. 바로 소수 패거리야. 쳇, 자기들이 잘난 줄 알고 굉장히 으스대며 다니는 녀석들이지. 치사하게 우리 1벌레들을 따돌렸어. 사실 우리도 그 녀석들과 다를 게 없는데 말이야."

"소수 패거리라고? 대체 그게 어떤 수들이니?"

"몰라, 그 많은 수들을 어떻게 다 알아?"

"별 수 없지. 하나씩 찾아 가는 수밖에."

하나는 수의 문지기 앞으로 가 크게 심호흡을 한 뒤 집중했다.

"자, 1은 아니라고 했으니까 넘어가고, 2는 1과 2 자신 말고는 어떤 수로도 나누어떨어지지 않으니까 사슬에서 두 개를 끊어 내면 되겠다."

하나는 1벌레들로 이루어진 뱀의 사슬에서 두 개의 1벌레를 조심스럽게 끊어 냈다.

"3도 1과 3 자신 말고는 어떤 수로도 나누어떨어지지 않지."

하나는 1벌레 세 개를 끊어 냈다.

"4는 1, 2, 4로 나누어떨어져. 1과 4 자신 말고 2로도 나누어떨어지니까 소수가 아니야. 5는 1과 5 자신 말고는 어떤 수로도 나누어떨어지지 않아."

하나는 다시 1벌레 다섯 개를 끊어 냈다. 하나는 이런 식으로 신중하게 소수들을 하나하나 찾아서 그 수만큼 사슬을 끊어 나갔다.

2　3　5　7　11　13　17　19　23　29
31　37　41　43　47　53　59　61　67　71
73　79　83　89　97　101　103　107　…

실수 없이 끊어 내느라 하나의 이마에는 식은땀이 흘렀다. 자칫 실수를 했다가 정말로 사슬의 저주가 내릴까 봐 손이 덜덜 떨릴 지경이었다. 시간이 흐르고, 옆에 있던 투덜이는 꾸벅꾸벅 졸기 시작했다.

어느새 수의 문지기가 조금씩 몸을 움직이기 시작했다. 그리고 얼마 있지 않아 사슬은 거의 다 끊어져 다리 부분에만 남았다. 몸을 움직일 수 있게 된 수의 문지기가 다리를 털었다. 종아리에 걸쳐 있던 사슬이 주르르 흘러내렸다.

하나는 반가운 마음에 폴짝 뛰어 수의 문지기를 꼭 껴안았다. 수의 문지기도 혼자서 힘든 일을 해낸 하나를 꼭 안아 주었다. 졸고 있던 투덜이도 언제 깨었는지 하나와 수의 문지기 주위를 뱅글뱅글 맴돌았다.

"하나야, 정말 대단하구나. 수의 파괴자의 마법을 풀다니 말이야. 이제 하나는 누가 뭐라고 해도 수의 수호자로서 조금도 모자람이 없다."

"조금 집중해서 생각해 보니까 별것 아니던데요."

하나는 우쭐한 기분이 들었다. 수의 문지기는 하나를 대견해하면서 물었다.

"그런데 하나야, 사슬에서 1벌레를 어떤 수만큼 끊어 나갔지?"

"1과 자기 자신이 아니면 나누어떨어지지 않는 수요."

"그렇구나. 우리는 그런 수를 소수라고 부르지. 그런데 1벌레는 모든 숫자 벌레를 만들어 내는 아주 특별한 벌레이기 때문에 소수에서 제외한단다."

"네, 알고 있어요. 투덜이가 소수들한테 따돌림당했다고 투덜거렸거든요."

그때 갑자기 주위가 캄캄해졌다. 자연수의 세계가 온통 칠흑같은 어둠에 휩싸여 아무것도 보이지 않았다. 놀란 하나는 수의 문지기를 찾았다.

"아저씨, 어디 계세요?"

아무 대답이 없었다. 하나는 손을 뻗어 주위를 더듬어 보았다. 역시 아무것도 잡히지 않았다.

그 순간, 어떤 기운이 하나를 감싸는 기분이 들었다. 곧이어 그 기운은 사라지고 어느새 수의 파괴자가 하나 앞에 서 있었다. 주위가 다시 환하게 밝아졌다.

"흐흐흐, 사슬의 저주를 받았군. 사슬을 끝까지 소수의 수대로 끊어 냈어야지."

마지막에 수의 문지기가 몸을 흔들어서 사슬을 빠져나온 것이 문제였다.

"아저씨는 어디 계신 거죠?"

"저기!"

수의 파괴자가 가리키는 손끝 너머로 의자에 묶여 있는 수의 문지기가 보였다. 하나는 수의 문지기에게 가려 했지만 유리 벽이

앞을 가로막고 있었다. 수의 파괴자는 당황하는 하나를 보며 재미있어 했다.

"수의 문지기가 앉아 있는 의자 위에는 추가 매달려 있다. 곧 저 추가 양쪽으로 흔들릴 것이고, 추가 매달려 있는 막대의 길이를 정확하게 조절해야만 추는 자석 기둥에 쓰인 숫자에 가서 붙을 것이다. 만약 그 길이가 틀리면 추는 한 번 움직일 때마다 조금씩 밑으로 내려오게 된다. 추가 아래로 내려올수록 어둠의 문이 조금씩 열리고 추가 수의 문지기의 머리에 닿는 순간, 수의 문지기는 어둠 속에 영원히 갇혀 버릴 것이다."

77

하나는 수의 파괴자의 음모에 화가 났다. 하지만 이번에도 어찌할 도리가 없었다. 이 상황을 침착하게 해결하지 않으면 수의 문지기는 어둠 속에 영원히 갇혀 버릴지도 모른다.

"제가 어떻게 해야 하죠? 어떻게 해야 아저씨를 구할 수 있죠?"

수의 파괴자는 기분 나쁜 미소를 지었다.

"네가 끊어 놓은 사슬을 이용해서 수의 문지기를 구해야 한다. 저기 보이는 기둥의 구멍에 사슬을 넣어서 추가 달린 막대의 길이를 조절해야 한다. 추가 달린 막대의 길이는 곱하기로 늘어난다."

수의 파괴자는 반대쪽 기둥을 가리켰다.

"반대쪽 기둥에는 숫자가 나타날 것이다. 바로 그 수만큼 사슬을 넣어서 막대의 길이를 조절해야 한다."

그 순간, 벽에 걸려 있던 모래시계가 뒤집혔다.

"벌써 시작되었군. 저 모래시계의 모래가 다 떨어지고 나면 추가 달린 막대의 길이는 바꿀 수 없다. 나는 구경이나 하고 있어야겠다. 어디 수의 수호자의 실력을 한번 볼까? 하하하!"

수의 파괴자는 검은 연기로 변한 뒤 웃음소리와 함께 사라졌다.

기둥에는 14라는 숫자가 나타났다. 의자에 묶여 있는 수의 문지기는 밧줄을 풀려고 애를 썼고, 모래시계의 모래는 쉬지 않고 떨어졌다. 시간이 없었다. 하나는 침착하려고 노력했다.

"끊은 사슬을 저 구멍에 넣으라고 했지. 그런데 어떤 것을 넣어야 하지?"

그때 투덜이가 하나의 귀에 대고 속삭였다.

"소수 벌레들은 곱하기 벌레에게 먹혀서 모든 숫자 벌레를 만들어 낼 수 있어. 그래서 막대의 길이가 곱하기로 늘어난다고 한 거야."

하나의 표정이 밝아졌다.

"그렇구나! 투덜아, 고마워."

하나는 투덜이에게 쪽 하고 뽀뽀를 했다. 투덜이의 초록빛 얼굴이 새빨개졌다.

하나는 팔을 휘저어 허공에 소수들을 써 나갔다.

2 3 5 7 11 13 17 19 23 29
31 37 41 43 47 53 59 61 67 71
73 79 83 89 97 101 103 107 …

"14를 만들려면……, 맞아! 2벌레와 7벌레를 곱하기 벌레에게 먹이면 되겠구나. 2×7=14니까. 별것 아니네."

하나는 두 개로 끊어진 사슬 하나와 일곱 개로 끊어진 사슬 하나를 구멍에 집어넣었다. 바로 그 순간, 천장에서 쿵 하는 소리가 나더니 천장에 매달린 추가 옆으로 흔들리면서 천천히 내려오기 시작했다. 하나는 잔뜩 긴장해서 주먹 쥔 손을 꽉 깨물었다.

추는 흔들리면서 계속 내려왔다. 추가 달린 막대의 길이가 길어짐에 따라 추가 흔들리는 폭도 커졌다. 구멍이 있는 기둥 쪽으로 흔들리던 추는 철커덩 하는 소리를 내며 길이가 고정되더니 숫자가 적힌 기둥 쪽으로 움직였다. 추는 수의 문지기의 머리 위를 스치듯이 지나, 기둥에 적힌 14라는 숫자에 가서 탁 하고 달라 붙었다.

투덜이와 하나는 환호성을 질렀다.

80

"와아! 맞았어."

그러나 기쁨도 잠시, 윙 하는 기계 소리가 나면서 추가 다시 위로 올라갔다. 벽에는 269라는 새로운 숫자가 나타났고 추가 멈추었다. 그리고 또다시 모래시계가 뒤집히면서 모래가 흘러내리기 시작했다.

"뭐야! 아직 안 끝난 거야?"

투덜이가 투덜거렸다.

"이번에도 문제 없어!"

하나는 다시 허공에 팔을 휘저어 이것저것 써 본 뒤 알겠다는 듯 손뼉을 쳤다.

"23벌레와 13벌레를 곱하기 벌레에게 먹이면 269벌레가 나와."

이렇게 말하고는 재빨리 스물세 개로 끊어진 사슬 하나와 열세 개로 끊어진 사슬 하나를 구멍에 집어넣었다. 이번에도 좌우로 흔들리던 추가 쿵 하고 떨어지더니 수의 문지기의 머리 위를 스치듯이 지나, 기둥에 써 있는 269라는 숫자에 착 하고 붙었다.

하나는 손뼉을 치며 팔짝팔짝 뛰었다.

그때 앞을 가로막고 있던 유리 벽에 금이 가더니 금세 가루가 되어 스르르 떨어져 내렸다. 하나는 수의 문지기한테 뛰어가 밧줄을 풀어 주었다.

"아저씨, 괜찮으세요?"

"솔직히 말해서 내 머리 위로 추가 지나갈 때는 조금 무서웠단다. 하지만 나는 하나를 믿었어. 하나가 틀림없이 문제를 풀 줄 알았지. 그런데 소수들의 곱으로 소수가 아닌 모든 수를 만들어 낼 수 있다는 것은 어떻게 알았니?"

"투덜이가 가르쳐 주었어요."

"그렇구나. 우리 투덜이도 제법인걸?"

"뭘요. 그쯤이야 식은 죽 먹기죠, 헤헤."

칭찬에 투덜이도 우쭐거렸다.

수의 파괴자는 굳은 얼굴로 나타났다.

"흠, 제법이군. 그러나 이곳을 쉽게 빠져나가지는 못할 것이다. 길을 잘못 들면 너희는 어둠 속으로 영원히 떨어져 버릴 테니까."

수의 파괴자는 이 말만 남기고 사라져 버렸다.

자연수 세계는 다시 어둠에 휩싸였다. 하나는 걱정스런 눈으로 수의 문지기를 보았다. 수의 문지기의 얼굴에도 당황한 기색이 가득했다. 그러나 주위를 둘러보던 수의 문지기가 갑자기 큰 소리로 웃었다.

"이곳은 소수 감옥이라는 곳이란다. 절대로 탈출할 수 없는 곳으로 유명하지만, 소수의 성질만 알면 쉽게 빠져나갈 수 있지. 수의 파괴자는 소수의 성질을 혼자만 알고 있다고 착각하고 있는 것 같구나."

수의 문지기는 미소를 지으며 둥그런 고리를 가리켰다.

"이곳의 탈출구는 딱 하나 있단다. 저기 보이는 둥그런 고리에 사슬을 걸고 타잔처럼 뛰어내려야 해. 사슬의 길이가 맞으면 문을 통과하지만 그렇지 않으면 어둠 속으로 영원히 떨어져 버리지. 사슬의 길이는 사슬과 고리와 그것을 잡는 손이 만들어 내는 수야. 저기 흩어져 있는 사슬을 이어서 사용해야 해. 사슬을 잇는다는 것은 더하는 것과 같은 거란다. 소수에는 또 다른 마법이 숨어 있는데, 바로 홀수와 2보다 더 큰 짝수는 소수의 합으로 나타낼 수 있다는 거지."

"그런데 사슬과 고리와 그것을 잡는 손이 만들어 내는 수가 뭐죠?"

"그래 한번 생각해 보자. 사슬은 무슨 숫자처럼 생겼지?"

"길쭉한 모양이니까 1요."

"그럼 고리는?"

"둥근 모양이니까 0요."

"그럼 손은?"

하나는 고개를 갸우뚱했다. 수의 문지기는 손가락을 쫙 펴 보였다.

"아, 알았다. 5예요."

"그럼 사슬과 고리와 그것을 잡는 손이 만들어 내는 수는 어떤 수일까?"

"사슬, 고리, 손이니까 105요."

"그렇지? 내 생각도 그렇단다. 그런데 소수들로 된 사슬을 이어서 사슬 길이 105를 만들어 내야 하는데, 사슬을 잇는다는 것은 더하는 것과 같다고 했지? 그럼 어떤 소수들을 더하면 될까?"

곰곰이 생각하던 하나의 얼굴이 환해졌다.

"알았다! 97+3+5=105예요."

"하나는 정말 영리하구나. 하나 말대로 97과 3과 5를 더하면 된단다. 자, 이제 사슬을 이어 볼까?"

수의 문지기와 하나는 구십칠 개짜리 사슬과 세 개짜리 사슬과 다섯 개짜리 사슬을 이었다.

"하나야, 이젠 타잔 놀이를 한번 해 볼까?"

"타잔 놀이요?"

"그래, 나를 꼭 잡거라."

수의 문지기는 한 팔로 하나를 안았다. 투덜이는 하나의 어깨 위에 찰싹 달라붙었다. 수의 문지기는 마치 타잔처럼 다른 한 팔로 사슬을 잡고 어둠 속으로 힘껏 뛰어내렸다. 하나는 두 눈을 질끈

감았다. 투덜이도 작은 눈을 꼭 감았다.

수의 문지기와 하나는 어둠의 터널을 지나 다시 자연수 세계로 돌아왔다.

"하나야, 괜찮니? 나 때문에 네가 너무 고생을 하는구나."

"아니에요. 오히려 저 때문에 아저씨가 사슬의 저주를 받게 된 것 같아 죄송해요."

투덜이는 하나의 어깨 위에서 팔짝팔짝 뛰었다.

"투덜이가 기분이 좋은 모양이구나?"

하나는 웃으며 투덜이를 보았다. 그러다 문득 궁금증이 생겼다.

"그런데 아저씨, 수의 파괴자는 누구예요? 왜 숫자 벌레들을 해치려고 하죠?"

수의 문지기의 이마에 깊은 주름이 생겼다.

"수의 파괴자가 처음부터 나빴던 건 아니란다. 그는 수학과 마법의 결합을 꿈꾸었지. 하지만 흑마법을 배우면서 점차 나쁘게 변해 갔어. 숫자 벌레들은 그런 수의 파괴자를 위험하게 보고 그대로 두어서는 안 된다고 생각했지. 그래서 그의 몸을 숫자 세계 깊은 어둠 속에 가두고, 그의 영혼은 현실 세계로 쫓아 버렸던 거야. 그러나 수의 파괴자는 현실 세계에서도 음모를 꾸미려고 했어. 다른 사람을 조종해서 말이야. 하나의 할아버지가 더 이상 수의 파괴자가 하는 짓을 두고 볼 수 없어서 《숫자 세계의 비밀》이라는 책에 그의 영혼을 가두고 빠져나오지 못하도록 부적을 붙여 놓았지. 그런데 누가 그 부적을 떼어 낸 모양이야."

"아마 프랙탈이 그랬을 거예요. 도서관에 숫자 벌레 책을 빌리러 갔었고, 한밤중에 이상한 의식을 치렀거든요. 우리 집 지하 창고에까지 검은 그림자를 데려왔고요."

"아무튼 수의 파괴자가 다시 숫자 세계로 돌아왔으니 걱정이구나. 이대로 물러설 수의 파괴자가 아니야. 아마 지금쯤 틀림없이 어딘가에서 무서운 음모를 꾸미고 있을 게다."

근심에 잠긴 수의 문지기의 얼굴을 보자 하나는 마음이 무거워졌다.

"숫자 세계가 이렇게 된 게 모두 제 잘못 같아요."

"맞아, 하나가 잘못해서 이렇게 된 것 같아."

잘못한 것은 알지만 투덜이가 눈치 없이 맞장구를 치니까 하나는 얄미운 생각이 들었다. 그래서 지지 않고 한마디 했다.

"다른 벌레들을 못살게 굴어서 아저씨의 방귀까지 먹은 게 누군데!"

"사슬의 저주를 누구 때문에 받았는데!"

"소수 벌레들한테 따돌림을 당한 이유를 알 것 같다!"

"내가 아니었으면 사슬의 저주를 풀지 못했을 거야!"

수의 문지기가 보다 못해 끼어들었다.

"자자, 이제 그만하렴. 앞으로 어떻게 해야 할지나 생각해 보자."

하나도 걱정이 되었다.

"수의 파괴자는 왜 아무런 잘못도 없는 숫자 벌레들을 못살게 구는 거죠?"

"수학은 우리에게 많은 것을 알려 준단다. 1년이 365일인 것과 달까지의 거리와 땅의 넓이를 알려 주지. 수학이 있기 때문에 돈을 계산할 수 있고 컴퓨터를 할 수 있는 거란다. 그 밖에도 수학은 세상의 모든 일과 관계가 있지. 만일 수의 파괴자가 숫자 세계를 혼란에 빠뜨린다면 어떻게 되겠니? 세상도 함께 큰 혼란에 빠져들고 말 거다. 그러면 수의 파괴자는 온 세상을 제 손에 넣게 되겠지."

"흠, 그렇겠네요. 그런데 프랙탈은 수학이 얼마나 중요한지 전혀 알지 못해요. 다만 숙제를 내주거나 대학을 가기 위해서 필요한 줄로만 알고 있어요."

"아이들은 숫자 벌레들이 얼마나 대단한지 모르는 것 같아. 그래서 숫자 벌레들을 싫어하지. 정말 어리석기 짝이 없지 뭐야."

투덜이는 입을 삐죽거렸다. 하나는 눈을 동그랗게 뜨고 투덜이를 보았다.

"왜 그렇게 생각하니? 아이들은 숫자 벌레를 미워하지 않아."

"쳇, 거짓말!"

투덜이는 토라져서 고개를 돌렸다.

"저기 더하기 벌레가 1벌레를 찾고 있는 것 같은데?"

하나의 장난에 투덜이는 얼른 하나 뒤에 숨었다. 이런 모습을 보고 수의 문지기와 하나는 큰 소리로 웃었다.

정수 세계

자연수 세계는 다시 예전처럼 평화로워졌다. 하지만 수의 문지기의 얼굴은 여전히 어두웠다.

"수의 파괴자가 정수 세계에서 또 나쁜 짓을 하고 있는 것 같구나. 그곳으로 가야겠다."

수의 문지기는 하나를 위해 설명을 더했다.

"하나야, 숫자 세계는 마치 양파 껍질처럼 생겼단다. 껍질 속에 새로운 껍질이 있는 양파 말이야."

"알아요. 제일 안쪽에 자연수 세계가 있고, 바로 그 위에 정수 세계가 있는 거죠?"

"그렇단다. 정수 세계에는 자연수 세계에서는 볼 수 없는 0벌레와 음수 벌레들이 살고 있지. 우리 그곳으로 가 보자꾸나."

"네, 빨리 가요."

투덜이는 재빨리 하나의 옷 속으로 들어가 눈만 빼꼼히 내밀었다. 수의 문지기는 옷 속에서 파란 공을 꺼내어 자연수 강을 향해 던졌다. 공은 공중에서 활짝 펴져 고무 보트가 되어 자연수 강 위에 내려앉았다. 수의 문지기는 하나를 안고 파란 고무 보트 위로 뛰어내렸다.

하나 일행은 고무 보트를 타고 한참 동안 자연수의 강을 따라 내려갔다. 휴식을 취하고 있던 하나 일행의 시야에 거대한 절벽이 보이기 시작했다. 마치 길을 가로막은 듯 서 있는 절벽은 가까이 갔을 때 더 거대하고 위압적이었다. 그런데 신기하게도 그 거대한 절벽 사이로 물길이 나 있었다. 즉, 좁은 물길을 사이에 두고 두 절벽이 어깨를 나란히 하고 서 있는 모습이었다.

수의 문지기는 좁은 물길 입구 가까이 배를 가져갔다. 그리고 자신의 옷 속에서 빨간색 물감을 뽑아내기 시작했다. 물감은 거미줄처럼 끊임없이 나왔다. 수의 문지기는 그 물감을 휘저어 커다란 덩어리로 만들었다. 그리고 자기 몸보다 더 커진 물감 덩어리를 힘껏 절벽 사이 물길 입구에 던졌다. 물감 덩어리는 절벽 사이의 보이지 않던 막에 부딪혀서 옆으로 번져 나갔다.

"자연수 세계 끝에는 무엇이 있는지 가까이 가서 볼까?"

수의 문지기는 하나를 안고 물감이 퍼져 있는 막으로 날아갔다.

"저 막 너머가 바로 정수 세계란다. 자연수 벌레들은 이 막을 마음대로 드나들 수 있지만, 음수 벌레나 0벌레들은 그럴 수 없단다. 그래서 음수 벌레와 0벌레는 정수 세계에만 있고, 자연수 세계에는 없는 것이지."

수의 문지기는 옷 속에서 커다란 가위를 꺼내 막을 자른 다음, 하나를 안고 막을 넘어갔다. 그곳에는 또 다른 새로운 세계가 있었다.

하나를 내려놓은 수의 문지기는 옷 속에서 파란 고무 풍선처럼

생긴 것을 꺼내 막의 잘린 부분을 향해 던졌다. 파란 덩어리는 터져서 붉게 물들어 있는 막을 다시 파랗게 물들였다. 상처가 아물듯이 막의 잘린 부분이 아물었다.

"우리가 서 있는 이곳이 정수 세계란다. 자연수 벌레뿐만 아니라 새로운 벌레들이 살고 있단다. 바로 음수 벌레와 0벌레지."

어디서 나타났는지 하나 주위로 음수 벌레와 0벌레 들이 모여들었다. 하나는 신기한 눈으로 음수 벌레와 0벌레를 살펴보았다.

"하나야, 음수 벌레와 자연수 벌레가 어떻게 다른지 알겠니?"

"음수 벌레는 꼬리가 몸 안에 있어요. 자연수 벌레와 꼬리 개수는 같은데 그것이 몸 안으로 나 있어요. 하지만 0벌레는 꼬리가 없어요."

하나의 옷 속에 있던 투덜이가 고개를 살짝 내밀어 주변을 두리번거렸다. 투덜이의 모습을 보고 수의 문지기가 씨익 웃으며 말했다.

"투덜이는 정수 세계에 처음 와 본 것 같은데?"

하나는 깜짝 놀라 투덜이를 보았다.

"너 정말 정수 세계에 처음 와 보니?"

"칫, 하나 너도 정수 세계에 처음 오는 거잖아."

토라진 투덜이를 쓰다듬으며 수의 문지기가 말했다.

"투덜이는 순수한 1벌레란다. 1벌레는 자연수 세계, 정수 세계, 유리수 세계를 오가면서 더하기 벌레, 나누기 벌레, 빼기 벌레, 나누기 벌레에게 먹히면서 다양한 벌레로 변신하게 되지. 그런데 투덜이는 아직 단 한 번도 다른 숫자 벌레가 되지 않은 순수한 1벌레란다. 아마도 그래서 더하기 벌레나 나누기 벌레만 보면 무섭다고 도망치는 것 같구나."

"그럼 투덜이는 아직 아기군요."

"나 아기 아냐."

투덜이의 귀여운 반응에 두 사람은 한바탕 웃었다.

"아니, 저것은 유리수 벌레인데?"

수의 문지기가 저 멀리 보이는, 달팽이처럼 생긴 벌레를 가리켰다.

"정수 세계와 유리수 세계 사이에도 막이 있어서, 저 달팽이처럼 생긴 벌레는 정수 세계에서는 살 수 없단다. 정수 벌레가 자연수 세계에 살 수 없는 것처럼 말이야. 이곳에 유리수 벌레가 있으면 정수 세계가 엉망이 되어 버리지. 어떻게 유리수 벌레가 여기까지 오게 된 거지?"

"정말 큰일이네요."

하나도 유리수 벌레를 걱정스럽게 바라보았다.

"저기 나누기 벌레가 보이지? 저 나누기 벌레가 병이 든 모양이구나."

수의 문지기가 가리키는 곳에 있는 나누기 벌레는 홀쭉하게 말라 있었다. 등딱지의 색깔도 약간 누르스름했다.

"수의 파괴자가 정수 세계에서도 마법을 부린 게 틀림없어. 독특한 소화 기관을 가지고 있는 나누기 벌레들은 현재 자기가 있는 세계의 질서를 지키려고 노력하지. 그렇기 때문에 자연수 세계와 정수 세계에서 나누기 벌레는 편식을 할 수밖에 없단다."

"나누기 벌레는 편식쟁이야."

투덜이가 옆에서 거들었다.

"아저씨, 저기 누가 있어요!"

하나가 가리킨 곳에 수의 파괴자가 서 있었다.

"짐작한 대로 수의 파괴자였구나."

수의 문지기는 거침없이 수의 파괴자에게 갔다. 수의 파괴자는 당황한 듯 멈칫하며 한 걸음 물러났다. 그러나 곧 음흉한 미소를 지어 보였다.

"꼬마 아가씨, 제법 똑똑하던데? 이봐, 수의 문지기! 자넨 너무 어깨에 힘주지 마. 이 꼬마 아가씨 아니었으면 아직도 묶여 있을 게 아닌가?"

수의 문지기는 빈정거리는 수의 파괴자의 말을 잘라 버렸다.

"대체 나누기 벌레에게 어떤 짓을 한 거야?"

"어떤 짓을 했냐고? 이렇게!"

수의 파괴자는 옷 속에서 무언가를 꺼내 옆을 지나던 나누기 벌레에게 먹였다. 그것을 먹은 나누기 벌레는 경련을 일으켰다. 곧이어 수의 파괴자는 팔을 휘저어 1÷3이라고 썼다. 그러자 나누기 벌레가 1벌레와 3벌레를 잡아먹더니 달팽이처럼 생긴 0.33333333…벌레를 내어놓았다.

"수의 파괴자, 대체 무슨 짓이야?! 정수 세계에서는 유리수 벌레가 살면 안 돼. 그만두지 못해!"

화가 난 수의 문지기가 소리를 질렀지만 수의 파괴자는 그런 수의 문지기를 비웃었다.

"이번에는 지독한 방귀로도 해결하지 못할걸? 이봐, 우리 다시 내기를 하지. 정수 세계는 자연수 세계보다 더 복잡하거든. 이번에는 그렇게 호락호락하지 않을 테니 두고 봐!"

수의 파괴자는 자연수 세계에서 수의 문지기에게 진 것이 무척 자존심이 상한 모양이었다.

수의 파괴자가 손가락을 아래에서 위로 움직였다. 그러자 눈

앞에 작은 막대기가 나타났고, 그 막대기에서 멀리 떨어진 곳에도 또 하나의 막대기가 나타났다.

"여기와 저기, 두 개의 막대기가 보이지? 두 막대기 사이, 정확히 중간 지점에 나누기 벌레를 치료하는 해독제가 있지. 기회는 단 한 번이다. 손바닥으로 재든 발걸음으로 재든 정확하게 중간이어야 하지. 해독제를 얻고 싶으면 한번 찾아보시지."

수의 문지기는 0벌레 한 마리를 잡아서 두 막대기 사이로 걸어갔다. 그러고는 두 막대기 사이에서 0벌레를 머리 위로 올렸다. 그 순간, 0벌레를 든 손에서 푸른빛이 나와서 두 막대기 사이를 이었다. 조금 있으니까 숫자 벌레들이 몰려들기 시작했다. 숫자 벌레들은 두 막대기 사이에서 바쁘게 움직이더니 푸른빛을 따라 한 줄로 길게 늘어섰다. 0벌레를 쥐고 있는 수의 문지기를 중심으로 자연수 벌레들과 음의 정수 벌레들이 양쪽으로 나뉘어 크기 순서대로 쭉 늘어섰다.

-50 -49 -48 … -3 -2 -1 0 1 2 3 … 48 49 50

수의 문지기는 양쪽 막대기에 같은 숫자 벌레가 앉도록 발걸음을 좌우로 옮겼다. 한쪽 막대기 위에는 −50벌레가 앉았고 다른 쪽 위에는 50벌레가 앉았다. 이렇게 되니 0벌레를 잡고 있던 수의 문지기는 자연스럽게 두 막대기의 한가운데에 서 있게 되었다.

그때 수의 문지기 머리 위로 검은 가루가 떨어졌다. 수의 문지기는 그 가루를 받아 병든 나누기 벌레들에게 먹였다. 홀쭉하고 누르스름하던 나누기 벌레들의 몸에 다시 알맞게 살이 붙고 등딱지에도 생기가 돌았다.

"이제 병든 나누기 벌레를 치료한 것 같구나."

옆에서 조마조마하게 지켜보던 하나도 그제야 마음이 놓였다. 그런데 수의 파괴자가 큰 소리로 웃어 댔다.

"수의 문지기, 보기보다 너무 순진하군. 지금 자네가 무슨 짓을 했는지 알고 있나?"

수의 파괴자는 이렇게 말하고는 팔을 휘저었다.

$$1 \div 0$$
$$2 \div 0$$
$$3 \div 0$$
$$352 \div 0$$
$$1452 \div 0$$

그러자 옆에 있던 나누기 벌레가 1벌레, 2벌레, 3벌레, 352벌레, 1452벌레를 잡아먹고, 그때마다 그 벌레들을 모두 소화시켜 0벌레를 내놓았다. 수의 문지기의 얼굴이 하얗게 질렸다.

"나누기 벌레는 나중에 0벌레를 먹으면 소화시키지 못하는데! 나를 속이다니……. 수의 파괴자, 이제 당하고만 있지 않겠다!"

수의 파괴자는 거드름을 피우며 웃고 있었다. 하지만 곧 수의 파괴자가 더 이상 웃을 수 없는 일이 벌어졌다. 수의 문지기가 웃고 있는 수의 파괴자 옆으로 재빨리 가, 손에 남아 있던 검은 가루를 그 입에 모두 털어 넣고는 입을 막아 버린 것이다. 놀란 수의 파괴자는 발버둥을 치며 입 안에 든 것을 뱉어 내려고 했지만 이미 가루를 삼킨 뒤였다.

얼마 있지 않아 수의 파괴자의 몸이 풍선처럼 부풀어 올랐다. 그러더니 몸이 꽈배기처럼 뒤틀리고 몸 여기저기가 꿀렁거리며 튀어나왔다 들어갔다 했다. 그러고는 풍선에서 바람이 빠지듯이 수의 파괴자의 몸이 홀쭉해졌다.

수의 파괴자는 정신을 차리고 이리저리 자신의 몸을 살펴보았다. 달라진 것이 없어 보이자 수의 파괴자는 안도의 한숨을 내쉬었다.

"아휴, 무슨 큰일이라도 나는 줄 알았네."

그런데 수의 문지기가 갑자기 코를 쥐며 인상을 찡그렸다.

"이게 무슨 냄새지? 설마 소화 기관이 반대로 되어 버린 건가?"

수의 문지기의 말에 수의 파괴자는 깜짝 놀라서 자기 입을 만져 보았다.

"이런! 이게 어떻게 된 거야?!"

수의 파괴자의 말이 끝나기가 무섭게 수의 문지기와 하나와 투덜이는 고약한 냄새 때문에 코를 잡아야 했다. 수의 파괴자는 당황해서 안절부절못했다.

"이제 엉덩이로 밥을 먹고 입으로 똥을 누게 되었군. 오줌은 코로 누고 말이야, 하하하!"

수의 문지기는 수의 파괴자를 보며 고소하다는 듯 크게 웃었다.

"너무 끔찍해요, 아저씨. 식탁에서 식사를 하려면 의자 위에 올라가 엉덩이를 올려 놓고……. 어떡해요, 하하하!"

하나도 맞장구를 쳤다.

"맞아, 코를 내밀고 오줌을 누는 모습도 정말 볼 만할 거야!"

투덜이도 하나의 어깨 위에서 팔짝팔짝 뛰며 재미있어했다.

수의 파괴자는 옷 안을 들여다보며 열심히 뭔가를 찾았다.

"어느 약인지 모르겠어!"

수의 파괴자가 입을 열 때마다 고약한 냄새가 진동했다.

"수의 파괴자, 제발 말 좀 하지 마. 냄새가 너무 고약해서 괴롭단 말이야."

"이봐, 수의 문지기! 내 옷 안에 해독제가 있었는데 없어졌어. 해독제가 있어야 나누기 벌레도 구하고 숫자 세계도 구할 수 있어."

수의 문지기는 하는 수 없이 코를 막고 수의 파괴자에게 다가

갔다.

"대체 뭐가 어떻게 되었다는 거야?"

"어느 약인지 도대체 모르겠어. 아마 내 몸이 변할 때 약도 뒤죽박죽된 모양이야. 41, 45, 50번 약이 필요한데, 도대체 어디로 가 버린 거지?"

수의 파괴자는 울상이 되었다.

수의 파괴자의 옷 안에는 주머니들이 매달려 있었는데 주머니마다 번호가 적혀 있었다. 수의 문지기가 주머니들을 살펴보니 주머니

가 단단히 묶여 있어서 떨어지지는 않고 그 위에 붙어 있던 번호만 바뀌어 있었다.

"이봐, 여기 가운데 묶어 놓은 것의 번호가 몇 번이었지?"

"전에는 45번이었는데 지금은 0번으로 되어 버렸어. 아마도 검은 가루를 먹고 내 몸이 변할 때 함께 변해 버린 것 같아."

수의 문지기는 한심하다는 듯 고개를 가로저으면서 수의 파괴자의 옷에서 주머니들을 모두 뜯어 냈다.

"이봐, 45가 0으로 바뀐 것뿐이잖아. 0을 기준으로 다시 생각해 보면 되는 거야."

40 41 42 43 44 45 46 47 48 49 50 51 52 53
-5 -4 -3 -2 -1 0 1 2 3 4 5 6 7 8

"그러니까 자네가 말한 41, 45, 50번은 -4, 0, 5번으로 바뀌었지. 그러니까 이 번호들이 쓰여 있는 약을 먹으면 돼."

수의 문지기는 주머니 속에서 약을 꺼내 나누기 벌레들에게 먹였다. 나누기 벌레들을 모두 치료하고 나서 수의 파괴자를 보니, 수의 파괴자는 애원하는 듯한 간절한 눈빛으로 수의 문지기를 바라보고 있었다.

"나더러 이 상태로 계속 살아가라는 건 아니겠지……?"

"다시는 숫자 벌레를 괴롭히지 않겠다고 약속해. 그럼 자네한테도 약을 주지."

수의 파괴자는 환하게 웃으며 고개를 끄덕였다.

"그럼 약속하고말고! 사실 나도 숫자 벌레가 불쌍했단 말이야."

하나와 투덜이는 간사하게 행동하는 수의 파괴자를 쏘아보았다.

"아저씨! 수의 파괴자의 말을 믿지 마세요."

"맞아! 거짓말이야."

수의 문지기는 약을 저 멀리 던져 버렸다.

"만일 다시 숫자 벌레를 괴롭히면 용서하지 않을 테다. 다시는 이곳에 나타나지 마라."

수의 파괴자는 약이 날아간 곳으로 뒤도 돌아보지 않고 달려갔다.

수의 문지기는 수의 파괴자가 달려간 곳을 물끄러미 바라보다가 하나에게 물었다.

"하나야, 정수 세계에서 유리수 벌레를 어떻게 없앨 수 있을까?"

하나는 주위를 떠다니고 있는 유리수 벌레들을 보았다.

"유리수 벌레니까 유리수 세계로 보내요."

"하나는 바보야."

투덜이가 끼어들었다.

"유리수 벌레니까 당연히 유리수 세계로 보내야지."

"정말 바보야. 숫자 세계에서는 누구도 그렇게 멍청한 대답을 하지 않아."

하나는 약이 올랐다.

"그럼 어떻게 해야 하는데?!"

"몰라. 하지만 정수 벌레가 유리수 벌레가 되었으니, 유리수 벌레도 정수 벌레가 될 수 있어."

옆에서 듣고 있던 수의 문지기가 웃으며 말했다.

"투덜이 말이 맞는 것 같구나. 유리수 벌레들은 유리수 세계와 정수 세계 사이에 놓인 막을 드나들 수 없단다. 따라서 유리수 벌레들은 정수 세계에 살 수 없지. 그렇다면 유리수 벌레를 정수 세계에서 살아갈 수 있게 하려면 어떻게 해야 할까?"

"글쎄요……."

하나는 좋은 방법이 떠오르지 않았다. 수의 문지기가 하나에게 물었다.

"정수 세계에만 살고 자연수 세계에는 없는 숫자 벌레들은 어떤 것들이지?"

"0벌레하고 음수 벌레요."

103

"우리는 자연수 세계에서 곱하기 벌레가 어떤 숫자 벌레와 1벌레를 먹으면 어떤 숫자 벌레를 그대로 내어놓는 것을 보았지. 그럼 정수 세계에서 곱하기 벌레가 어떤 숫자 벌레와 0벌레를 먹으면 어떻게 될까?"

"0벌레를 내어놓아요. 아, 알았다! 유리수 벌레를 없앨 수 있는 방법을 알았어요. 곱하기 벌레에게 유리수 벌레와 0벌레를 먹이는 거예요. 그럼 유리수 벌레는 없어지고 0벌레가 나와요."

"그렇지. 0에 어떤 수를 곱해도 0이 되지."

수의 문지기는 허공에 팔을 휘저어 숫자들을 써 내려갔다.

$$0.45673 \times 0$$
$$2.345 \times 0$$
$$1.456 \times 0$$

이렇게 해서 수의 문지기는 모든 유리수 벌레들을 정수 세계에서 살아갈 수 있는 0벌레로 만들었다.

하나는 여기저기 떠다니고 있는 숫자 벌레들을 바라보았다. 그동안 기호로만 알고 있던 숫자들이 진짜 살아 있는 생명체라는 사실이 정말 신기하게 느껴졌다.

유리수 세계

수의 문지기와 하나는 다시 파란 고무 보트를 타고 정수의 강을 따라 나아갔다. 정수 세계와 유리수 세계 사이에도 막이 놓여 있었다. 수의 문지기는 다시 옷 속에서 빨간 물감을 꺼내 막을 물들인 뒤 가위로 막을 갈랐다. 수의 문지기와 하나와 투덜이는 갈라진 막을 건너 유리수 세계로 갔다.

유리수 세계에는 자연수 세계와 정수 세계에서 보지 못한 벌레들이 살고 있었다.

"아저씨, 모든 벌레들이 1벌레에서 생겨 났다고 하셨잖아요. 그럼 투덜이도 유리수 세계에 왔으니까 유리수 벌레가 될 수 있겠네요?"

"그렇지."

"나는 다른 벌레가 되기 싫어."

투덜이는 하나의 옷 속으로 숨었다. 하나는 그런 투덜이를 토닥였다.

"나도 투덜이가 다른 벌레가 되는 게 싫어."

수의 문지기가 투덜이를 달래듯이 말했다.

"투덜아, 다른 숫자 벌레가 되는 것이 그렇게 나쁜 것만은 아니란다. 다른 벌레로 변신하면 새로운 세계를 경험할 수 있고 좀 더 나은 지혜를 얻을 수 있으니까. 투덜이가 다른 숫자 벌레가 되는 것을 꺼린다면 새로운 세계도 경험할 수 없을 거야."

"하지만 다른 벌레로 변하면 내가 사라지는 거잖아."

"사라지는 것이 아니고 새로운 벌레가 되는 거야. 다시 태어나는 것이라고 볼 수 있지. 숫자 세계는 아주 넓단다. 이런 숫자 세계에서 투덜이가 할 수 있는 일 또한 무척 많을 거야."

"나도 그렇게 생각해. 평생을 1벌레로만 산다면 너무 재미없고 지루할 것 같아."

하나도 거들었다. 투덜이는 고민이 되는 듯 고개를 갸웃거렸다.

"자, 이제 유리수 세계에 왔으니까 유리수 벌레들에 대해 알아볼까? 유리수 세계에 사는 벌레들은 분수 벌레로 변신할 수 있단다."

수의 문지기는 지나가는 3벌레 한 마리를 톡 건드렸다. 3벌레

는 몸을 꿈틀하더니 마치 눈사람 같은 모습으로 변했다. 벌레는 윗부분과 아랫부분으로 나뉘어 있었는데, 윗부분은 꼬리가 세 개인 3벌레였고, 아랫부분은 꼬리가 한 개인 1벌레였다.

하나는 벌레를 잡아서 자세히 보았다.

"꼭 샴쌍둥이 같아요."

"샴쌍둥이? 그게 뭐야?"

투덜이가 눈을 동그랗게 뜨고 물었다.

"몸의 한 부분이 붙어서 태어난 쌍둥이를 말해."

"그럼 샴쌍둥이 아니네, 뭐. 분수 벌레들은 서로 붙어 있긴 하지만 쌍둥이가 아니잖아."

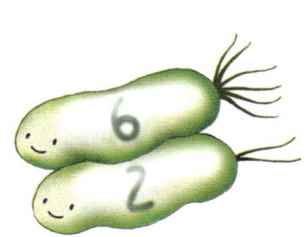

"듣고 보니 그러네."

이때 수의 문지기가 벌레를 다시 한 번 톡 건드렸다. 그러자 벌레는 윗부분은 꼬리가 여섯 개인 6벌레이고, 아랫부분은 꼬리가 두 개인 2벌레로 변했다.

"자, 잘 보렴. 3벌레는 $\frac{3}{1}$, $\frac{6}{2}$, $\frac{9}{3}$ 벌레와 같은 모습으로 변신할 수 있단다. 이렇듯 자연수 벌레나 정수 벌레는 분수 벌레로 모습을 바꿀 수 있지. 그래서 자연수 벌레나 정수 벌레도 유리수 벌레로 볼 수 있는 거야."

107

"그러니까 3벌레와 $\frac{3}{1}$, $\frac{6}{2}$, $\frac{9}{3}$ 벌레들은 사실은 같은 거죠?"

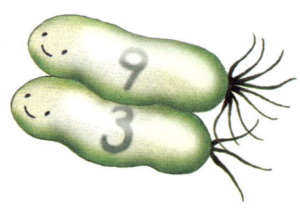

"그렇지. 모습만 바뀌었을 뿐 사실은 같은 벌레지."

한창 이야기를 나누고 있는데 갑자기 숫자 벌레들이 겁에 질려 도망을 가기 시작했다. 가만히 보니 무리 속에 이상한 녀석이 끼여 있었다.

"저 벌레는 뭐예요? 너무 뚱뚱해요."

괴상하게 생긴 벌레 한 마리가 숫자 벌레들을 마구 잡아먹고 있었다. 더욱 이상한 것은 먹기만 할 뿐 아무 벌레도 내어놓지 않았다.

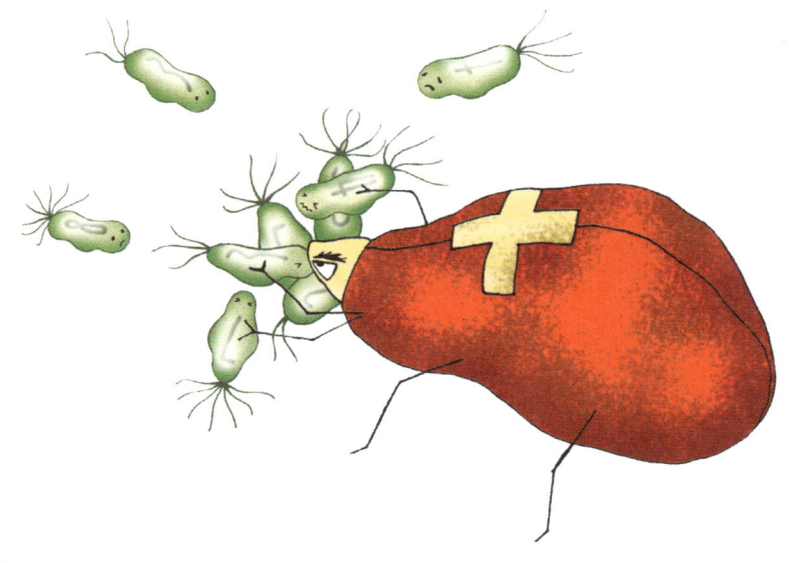

"더하기 벌레인데 돌연변이 같구나. 저렇게 먹어 치우다간 숫자 벌레들이 모두 없어지고 말겠는데."

먹보 더하기 벌레는 닥치는 대로 숫자 벌레들을 먹어 치우고 있었다. 하지만 어떤 벌레도 내어놓지 않아서 몸이 점점 커지고 있었다.

"저 녀석을 우선 가두어야겠다!"

수의 문지기는 허공에다 팔을 크게 휘저었다.

$$1 \div 3$$

나누기 벌레가 나타나 1벌레와 3벌레를 잡아먹었다. 그러고는 잠시 꿈틀거리더니 달팽이처럼 생긴 유리수 벌레를 내어놓았다. 수의 문지기가 그 벌레를 잡아 꼬리 부분을 펼치자 끝없이 계속해서 풀어졌다.

$$0.3333333333333333333333333333333333\cdots$$

수의 문지기가 만든 것은 0.3333333333… 벌레였다. 그런데 그 달팽이처럼 생긴 벌레를 톡 건드렸더니 $\frac{1}{3}$벌레로 둔갑했다. 둔갑한 벌레를 또다시 톡 건드리니 0.3333333333…
벌레가 되었다.

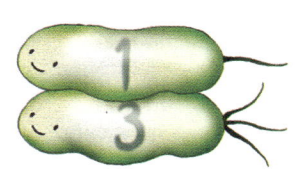

　수의 문지기는 달팽이 벌레의 꼬리를 잡고 먹보 벌레를 향해 던졌고, 먹보 벌레는 수의 문지기가 던진 달팽이 벌레를 덥석 받아 물었다. 먹보 벌레는 달팽이 벌레를 먹기 시작했지만 꼬리를 잡고 있는 수의 문지기 손에서는 달팽이 벌레가 끊임없이 나오고 있었다.

　수의 문지기는 달팽이 벌레의 꼬리가 펴지도록 물레방아처럼 생긴 둥근 바퀴에 달팽이 벌레를 묶었다. 물레방아는 쉼없이 돌아갔고, 먹보 벌레가 아무리 0.3333333333…벌레를 먹어도 꼬리는 계속 이어졌다.

　수의 문지기는 그물을 짜서 0.3333333333…벌레를 먹고 있는 먹보 벌레를 가두었다. 먹보 벌레는 그물에 갇힌 중에도 계속해서 0.3333333333…벌레를 먹었다.

　"1÷3을 하면 0.3333333333…과 같이 3이라는 숫자가 끊임없이 이어진단다. 이 벌레는 이렇게 긴 모양을 하고 있지만, 간단한 모양으로도 변신할 수 있지. $\frac{1}{3}$벌레로 말이야."

　"내 귀염둥이 녀석을 가두어 놓다니!"
　분이 안 가신 수의 파괴자의 목소리가 유리수 세계에 쩌렁쩌렁하게 울렸다. 정수 세계에서 당한 모욕에, 수의 파괴자는 아직도 바들바들 떨고 있었다.

수의 문지기는 수의 파괴자를 보자 코를 막았다.

"이게 무슨 냄새지?"

"아저씨, 수의 파괴자가 어떻게 먹는지 아세요?"

"어떻게 먹는데?"

"음식 위에 앉아서 이렇게."

하나는 엉덩이를 실룩거렸다. 그 모습에 수의 문지기와 투덜이가 웃음보를 터뜨렸다. 수의 파괴자는 머리끝까지 약이 올라 얼굴빛이 붉으락푸르락했다.

수의 파괴자는 손 안에 무언가를 들고 주문을 외기 시작했다. 손 안에 있던 것은 점점 커지더니 수의 파괴자가 보이지 않을 만큼 커져서 마침내 호박 모양으로 변했다. 그리고 호박처럼 생긴 물체에서 여덟 개의 다리가 뻗어 나왔다.

그 다리들은 수의 문지기의 몸을 휘감으려고 길게길게 뻗어 나왔다. 수의 문지기는 하나를 안고 재빨리 공중으로 뛰어올랐다. 여덟 개의 다리는 마음대로 늘어났다 줄어들었다 하면서 수의 문지기를 공격하기 시작했다.

"하나야, 내 뒤에 있으렴. 이번에는 만만치 않겠다!"

수의 문지기는 옷 속에서 기다란 가위를 꺼내, 달려드는 괴물

의 다리들을 잘라 내었다. 하지만 잘린 다리들은 곧 다시 길어지면서 계속 공격해 왔다. 수의 문지기의 숨소리가 점점 거칠어졌다.

"하나야, 정신 차리고 잘 보렴. 저 괴물이 뭐 같으니?"

하나는 무서웠지만 괴물을 똑바로 쳐다보았다. 조금 전 먹보 벌레에게 먹인 달팽이 벌레처럼 이 녀석도 끊임없이 다리가 나오고 있었다.

"다리가 여덟 개인데……, 이 녀석도 조금 전 달팽이 벌레처럼 끊임없이 다리가 생겨나고 있어요. 다리가 잘려도 끊임없이 나오니까 혹시 달팽이 벌레 아닐까요? 달팽이 벌레도 끊임없이 계속되잖아요."

"그래, 맞다. 저 괴물은 달팽이 벌레의 돌연변이야. 여덟 마리의 달팽이 벌레가 하나로 합쳐진 게 틀림없어."

"하나야, 어떤 달팽이 벌레인지 보이니?"

수의 문지기는 점점 힘이 떨어지고 있었다. 이대로 더 있다가는 괴물의 다리에 휘감기고 말 것 같았다.

하나는 괴물의 다리가 9라는 숫자로 계속되고 있는 것을 발견했다.

0.999999999999999999999999999…

"아저씨, 괴물의 다리가 0.9999999999…로 계속되고 있어요."

"그렇구나. 0.9999999999…로 계속되는 달팽이 벌레는 정수 벌레로 만들 수 있단다. 여기 이 지팡이로 다리를 때리면서 정수 벌레의 이름을 외치면 된단다. 하나야, 그 벌레는……"

하나가 수의 문지기에게서 지팡이를 받으려는 순간, 괴물의 다리가 수의 문지기를 휘감았다. 수의 문지기는 공중으로 붕 떠올랐다. 수의 문지기는 정수 벌레의 이름을 알려 주지 못한 채 괴물의 다리에 감겨 보이지 않게 되었다. 괴물의 다리는 계속해서 수의 문지기를 칭칭 감았다.

"아저씨! 아저씨!"

하나가 소리쳐 불렀지만, 수의 문지기는 하나의 눈앞에서 사라져 버렸다.

괴물은 이제 하나에게 달려들기 시작했다. 도망가지 못하도록 하나의 다리를 감더니 순식간에 목까지 감고 올라왔다.

하나는 다급해졌다. 이대로 있다가는 저 괴물의 먹이가 되고 말 것이다.

"켁, 투덜아! 넌 무슨 벌레인지 아니? 어떤 정수 벌레로 바꿀 수 있어?"

괴물의 다리는 점점 하나의 온몸을 조여 오기 시작했다.

"너무 징그럽게 생겼어!"

하나의 머리 위로 올라간 투덜이는 괴물이 무서워서 눈을 질끈 감았다.

"그러지 말고 자세히 봐. 무슨 벌레인지 빨리 알아내야 한단 말이야. 0.9999999999…로 끊임없이 계속되니까 어떤 수에 다가가고 있는 게 틀림없어."

투덜이는 용기를 내어 괴물을 보았다.

"1에 계속 가까이 가고 있는 것 같은데? 거의 차이가 없을 정도로 말이야. 쳇! 저렇게 징그럽게 생긴 벌레가 1벌레라니 말도 안 돼!"

하나는 괴물의 다리가 온몸을 감고 있어서 움직일 수가 없었다. 그러다가 수의 파괴자를 향해 소리쳤다.

"이 괴물은 당신보다 힘이 센 것 같아요."

"무슨 소리를 하는 거냐?!"

"이런 무시무시한 괴물은 당신 말을 안 들을 것 같아요. 한번 저쪽 다리로 나를 잡으라고 명령해 보세요."

수의 파괴자는 씨익 웃었다.

"지금 내 능력을 무시하는 거냐? 그렇다면 한번 보여 주지. 저 괴물이 얼마나 내 말을 잘 듣는지."

수의 파괴자가 손짓을 하자 하나를 감고 있던 괴물의 다리가 스르르 풀렸다. 하나는 재빨리 팔을 빼내어 지팡이로 괴물의 다리를 때리며 소리쳤다.

"1벌레로 돌아가라!"

그러자 괴물의 다리가 점점 줄어들더니 몸통에 혹처럼 달라붙었다. 하나는 남은 일곱 개의 다리를 차례대로 때리며 1벌레로 변하라고 소리쳤다. 순식간에 괴물의 다리가 모두 줄어들어 몸통에 달라붙더니 커다랗던 몸통이 조그맣게 쪼그라들었다. 곧이어 1벌레 여덟 마리가 떨어져 나왔다.

"저렇게 생긴 녀석들이 1벌레라니……."

투덜이는 그 벌레들이 1벌레라는 것을 인정하기 싫은 모양이었다.

하나는 수의 문지기에게 달려갔다. 수의 문지기는 힘이 모두 빠져 주저앉아 있었다.

"아저씨, 괜찮으세요?"

수의 문지기는 하나에게 흐뭇한 미소를 지어 보였다.

"난 괜찮다. 그런데 1벌레라는 것을 알아내다니 대단하구나. 수의 수호자답다."

하나는 쑥스러운 듯 어깨를 으쓱했다.

"사실은 투덜이가 알아냈어요. 저 이상하게 생긴 괴물이, 알고 보니 투덜이 사촌이더라고요."

"내 사촌 아냐."

투덜이가 하나를 흘겨보았다.

"아무리 봐도 너랑 똑같이 생겼는데?"

하나는 투덜이를 놀려 댔다. 투덜이는 수의 문지기 어깨 위로 옮겨 앉아 입을 삐죽거렸다.

"하나는 나빠."

하나와 수의 문지기는 크게 웃었다.

수의 파괴자는 어린 하나에게 속은 것이 무척 자존심 상했다.

"지금까지는 운이 좋았지만, 이번에는 어림없다. 유리수 세계의 모든 숫자 벌레들을 없애 버리고 말 테다!"

수의 파괴자는 두 손을 모으고 섰다. 마주한 두 손 안에서 빛이 나오기 시작했다. 두 손을 양쪽으로 벌리자 그 안에서 조그마한 $\frac{1}{2}$ 벌레들이 셀 수 없을 만큼 많이 뿜어져 나왔다.

$\frac{1}{2}$ 벌레들은 마치 먹구름처럼 떼를 지어 다니며 다른 숫자 벌레들을 공격하기 시작했다. 다른 숫자 벌레들은 무서워서 도망치기에 바빴다.

$\frac{1}{2}$ 벌레 무리는 하나 일행에게도 달려들었다. 수의 문지기는 재빨리 하나를 안고 뛰어올랐다.

"아저씨, 어떡해요! 이러다가 숫자 벌레들이 모두 죽고 말겠어요!"

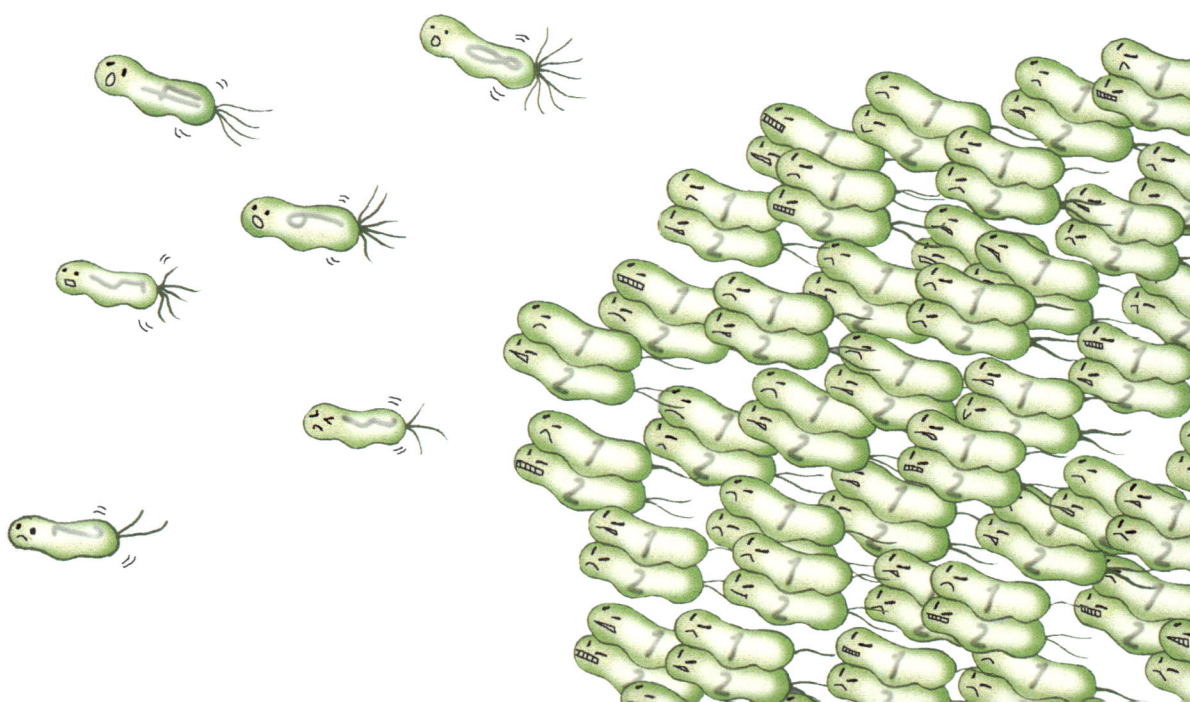

투덜이도 겁에 질려 수의 문지기의 옷 속에 쏘옥 숨어 버렸다.

"저 많은 $\frac{1}{2}$벌레들을 모두 없애야 숫자 세계가 평온해지겠구나."

수의 문지기는 곱하기 벌레 한 마리를 잡았다.

"곱하기 벌레야, 고래 같은 곱하기 벌레가 되어라!"

수의 문지기가 주문을 걸자, 곱하기 벌레는 고래만큼 큰 벌레가 되었다.

거대해진 곱하기 벌레는, 수염고래가 작은 물고기 떼를 삼켜 버리듯 $\frac{1}{2}$벌레들을 빨아들이기 시작했다. 수의 파괴자는 더욱더 많은 $\frac{1}{2}$벌레를 만들어 냈지만, $\frac{1}{2}$벌레들이 생기자마자 고래 곱하기 벌레가 모두 빨아들였다.

시간이 한참 흐르자 수의 파괴자는 그만 지쳐서 털썩 주저앉고 말았다. 배가 불룩해진 고래 곱하기 벌레가 "끄윽" 하고 트림을 하자 꽁무니에서 0벌레가 툭 튀어 나왔다.

"에계, 그렇게 많이 먹었는데 겨우 0벌레 한 마리밖에 안 나와?"

하나는 이해할 수 없다는 표정으로 고개를 갸웃했다. 수의 문지기는 고래 곱하기 벌레를 원래 모습으로 되돌려 놓았다.

"곱하기 벌레가 $\frac{1}{2}$벌레들을 계속 먹으면, 먹은 벌레들을 모두 소화시켜 마침내는 0벌레를 내어놓지."

수의 문지기는 팔을 휘저어 숫자들을 써 내려가기 시작했다.

$\frac{1}{2} = 0.5$

$\frac{1}{2} \times \frac{1}{2} = 0.25$

$\frac{1}{2} \times \frac{1}{2} \times \frac{1}{2} = 0.125$

$\frac{1}{2} \times \frac{1}{2} \times \frac{1}{2} \times \frac{1}{2} = 0.0625$

$\frac{1}{2} \times \frac{1}{2} \times \frac{1}{2} \times \frac{1}{2} \times \frac{1}{2} = 0.03125$

$\frac{1}{2} \times \frac{1}{2} \times \frac{1}{2} \times \frac{1}{2} \times \frac{1}{2} \times \frac{1}{2} = 0.015625$

$\frac{1}{2} \times \frac{1}{2} \times \frac{1}{2} \times \frac{1}{2} \times \frac{1}{2} \times \frac{1}{2} \times \frac{1}{2} = 0.0078125$

$\frac{1}{2} \times \frac{1}{2} \times \frac{1}{2} \times \frac{1}{2} \times \frac{1}{2} \times \frac{1}{2} \times \frac{1}{2} \times \frac{1}{2} = 0.00390625$

"자, 이 식을 잘 보렴. $\frac{1}{2}$을 많이 곱할수록 점점 0에 가까워지지?"

"정말 그러네요!"

수의 문지기는 기운이 빠져 주저앉아 있는 수의 파괴자를 향해 소리쳤다.

"수의 파괴자! 계속 숫자 세계를 어지럽히고 다니면 정말 가만두지 않겠어!"

수의 파괴자는 수의 문지기의 말을 듣더니 이내 비웃으며 말했다.

"이봐, 아직 아무것도 모르는군. 숫자 세계에는 이미 새로운 움직임이 일어나고 있어. 이제 숫자 세계는 현실 세계와 떨어져 자신만의 자유로운 세계가 되는 거지."

"아니! 현실 세계를 떠난 숫자 세계란 있을 수 없어!"

수의 문지기는 수의 파괴자를 향해 소리쳤다. 수의 파괴자도 질세라 큰 소리로 대꾸했다.

"바로 옆에도 그런 움직임을 따르는 1벌레가 있는데, 그 녀석을 데리고 다니면서도 아무 눈치도 못 채다니, 하하하!"

수의 문지기와 하나는 놀란 눈으로 투덜이를 보았다.

"투덜아, 너 그래서 다른 벌레가 되기 싫다고 한 거니?"

하나가 투덜이에게 물었다.

"몰라. 하지만 언제부터인가 두려워지기 시작했어. 아마 숫자 세계에 어둠의 그림자가 드리우기 시작하면서부터인 것 같아."

수의 문지기는 투덜이의 말을 듣고 깜짝 놀랐다.

"숫자 세계가 현실 세계와 떨어지려고 한다니……. 어둠의 힘이 이렇게까지 숫자 세계 곳곳에 영향을 미치고 있는데도 여태껏 그것을 눈치채지 못하다니……."

"이게 모두 현실 세계의 아이들 때문이야. 숫자 벌레를 싫어해서 숫자 벌레를 없애는 의식을 치렀잖아."

투덜이가 툴툴댔다.

하나는 뜨끔해서 아무 말도 못하고 있다가 투덜이를 달랬다.

"투덜아, 우리는 숫자 벌레들을 미워하지 않아. 그리고 숫자 벌레를 없애는 의식을 치른 건 정말 미안해. 아무것도 모르고 한 거였어."

수의 문지기는 한동안 생각에 잠겨 있다가 입을 열었다.

"수의 파괴자를 더 이상 그냥 내버려 두면 안 되겠다."

그러고는 팔을 휘저어 숫자들을 써 나갔다.

$$\frac{1}{7}=0.142857\ 142857\ 142857\ 142857\cdots$$

$$\frac{3}{7}=0.42857\ 142857\ 142857\ 142857\ 142857\cdots$$

어디선가 $\frac{1}{7}$ 벌레와 $\frac{3}{7}$ 벌레가 다가왔다. 수의 문지기는 두 팔을 수의 파괴자를 향해 뻗었다. 그 순간, $\frac{1}{7}$ 벌레와 $\frac{3}{7}$ 벌레가 수의 파괴자를 향해 날아갔다. 이 두 벌레는 수의 파괴자에게 가까이 가서는 달팽이 벌레처럼 변했다. 그러나 조금 전의 달팽이 벌레들하고는 생김새가 달랐다. 몸에 마디가 있었다.

　달팽이 벌레로 변신한 두 숫자 벌레는 수의 파괴자를 감싸더니 그 주위를 계속해서 빙그르르 돌았다.

　"이것들은 재미있게 생겼군. 같은 숫자들이 계속 반복되잖아."

　수의 파괴자는 신기한 듯 달팽이 벌레를 쳐다보다가 갑자기 쓰러졌다. 하나는 깜짝 놀랐다.

　"아저씨, 수의 파괴자가 쓰러졌어요."

　"잠든 것뿐이란다. 최면에 걸린 것이지."

　수의 문지기가 다시 톡 하고 두 달팽이 벌레를 건드리자 0.142857142857142857…벌레와 0.42857142857142857…벌레가 $\frac{1}{7}$ 벌레와 $\frac{3}{7}$ 벌레로 변신을 하더니 다른 곳으로 날아갔다.

제3장

숫자 세계의 마지막 결투

두 머리는 엉켜서 싸웠다.
검은 뱀과 붉은 용의 머리가 부딪힐 때마다 요란한 소리가 나면서
불꽃이 일었고, 수의 파괴자와 수의 문지기의 몸은
강한 전기를 맞은 듯 경련을 일으켰다.

무리수 세계

하나는 섬뜩한 느낌에 뒤를 돌아보았다.

"하나야, 왜 그러니?"

하나는 놀란 눈으로 멍하니 수의 문지기를 쳐다보았다. 수의 문지기의 표정에서 걱정이 느껴졌다.

"아니에요. 누가 쳐다보는 것 같았는데……, 제가 너무 긴장했나 봐요."

"자, 수의 파괴자를 데리고 무리수 세계로 가자. 다시는 나쁜 짓을 못 하도록 수의 파괴자를 피타고라스 감옥에 가두어야겠다. 하지만 투덜이는 무리수 세계로 들어갈 수 없으니 이제 헤어져야겠구나."

"투덜이는 갈 수 없다고요?"

"그래. 하나야, 유리수 세계는 양파 껍질처럼 생겼다고 했지? 그래서 제일 안쪽에 자연수 세계가 있고, 그 위에 정수 세계, 그리고 맨 위에 유리수 세계가 있다고. 투덜이는 1벌레니까 자연수 벌레이면서 정수 벌레이기도 하고 또 유리수 벌레이기도 하지. 그래서 유리수 세계에서는 아무 곳이나 마음대로 드나들 수 있었단다."

수의 문지기는 하나 어깨에 있는 투덜이의 머리를 손끝으로 살살 쓰다듬었다.

"그러나 무리수 세계는 달라. 무리수 세계는 유리수 세계와 동떨어져 있는 완전히 다른 세계란다. 그렇기 때문에 유리수 세계에 사는 벌레들은 무리수 세계에 갈 수 없고, 또 무리수 세계에 사는 벌레들은 유리수 세계에 갈 수 없지."

하나는 어깨 위에 있던 투덜이를 손바닥에 내려놓고 보았다.

"투덜이와 헤어진다고 생각하니까 너무 슬퍼요."

"슬퍼하지 마라. 하나는 수의 수호자니까 언젠가 투덜이를 다시 만나게 될 거야."

"아저씨, 투덜이를 혼자 내버려 둬도 괜찮을까요?"

투덜이가 보란 듯이 씩씩하게 말했다.

"나를 어떻게 보는 거야? 나도 무척 용감한 벌레라고!"

"그래, 하나야. 걱정하지 않아도 될 거다. 투덜이는 잘해 낼 거야."

하지만 투덜이도 이내 풀이 죽었다.

"그렇지만 하나가 보고 싶을 거야. 아저씨도……, 엉엉엉!"

투덜이는 끝내 울음을 터뜨렸다.

"투덜아, 울지 마. 꼭 다시 만나러 올게. 그때까지 건강하게 잘 있어야 해."

하나도 눈물을 글썽였다.

수의 문지기와 하나는 투덜이에게 작별 인사를 하고 높이 뛰어올라 무리수 세계로 들어갔다.

무리수 세계는 어둑컴컴했다. 어둡고 조용했기 때문에 하나와 수의 문지기 두 사람만이 그곳에 있는 것 같았다. 그러나 잠시 시간이 지나자 어둠에 익숙해진 눈앞으로 무리수 세계의 풍경이 희미하게 보이기 시작했다.

무리수 세계는 맑고 투명한 유리수 세계와 달리, 어둡고 칙칙했다. 그리고 유리수 세계에서는 보지 못한 새로운 벌레들이 떠다니고 있었다. 그것은 마치 지렁이처럼 생겼는데, 가만히 보니 꼬리가 끝도 없이 이어지고 있었다. 끝도 없이 계속되는 꼬리를 몸 안으로 돌돌 말고 있어서, 언뜻 보면 유리수 달팽이 벌레와 비슷해 보였다.

"유리수 세계에는 분수 벌레로 변신할 수 있는 벌레들이 살고

있지만, 무리수 세계에는 분수 벌레로 변신할 수 없는 벌레들이 살고 있단다. 요 앞에, 달팽이 같기도 하고 지렁이 같기도 한 벌레 보이지? 저게 바로 무리수 벌레란다."

"네, 정말 신기해요."

하나는 무리수 벌레를 잡아 보기도 하고 따라다니기도 했다.

한편, 수의 파괴자는 하나와 수의 문지기를 지켜보고 있었다. 움직임이 흐릿하게 보였지만 그는 기회를 엿보고 있었다.

하나는 신기한 무리수 벌레들을 한참 동안 관찰하고 쫓아다녔다. 벌레들을 관찰하는 재미에, 어둑한 무리수 세계가 이제는 그렇게 무섭게만 느껴지지 않았다. 그러다 다른 벌레를 잡아 보려는 찰나, 수의 문지기가 보이지 않았다.

"아저씨, 어디 계세요?"

갑자기 손 하나가 불쑥 나타나 하나의 손을 잡았다. 하지만 그 손은 곧이어 하나의 입을 막아 버렸다.

"이봐, 수의 문지기! 또 바보짓을 했군. 어둠의 세력이 강한 무리수 세계에 들어오면서 나를 더욱 철저히 감시했어야지!"

수의 문지기는 수의 파괴자에게 하나가 잡힌 것을 보고, 다가

가지 못하고 자리에서 주춤했다.

"치사하게 어린아이를 잡고 뭐 하는 거야!"

수의 파괴자는 기분 나쁜 소리로 키득거렸다.

"수의 문지기, 네 최면 따위는 어둠의 힘 앞에서는 장난에 불과해."

수의 파괴자의 얼굴에 검은 그림자가 드리웠다. 수의 파괴자는 하나의 머리를 두 손으로 감싼 뒤 숨을 깊이 들이마셨다. 그러자 수의 파괴자의 얼굴이 마치 다른 사람이 된 것처럼 창백해지더니 곧 검붉게 변했다. 곧이어 목소리도 바뀌어, 거칠고 묵직한 목소리가 흘러나왔다.

"나는 이제 하나로 살아갈 것이다. 이 아이의 몸 속에 들어가서 이 아이를 지배하게 될 것이며 이 세상을 지배하게 될 것이다."

수의 파괴자는 몸 전체가 검은색으로 변해 갔다. 수의 파괴자의 손에서 벗어나려고 발버둥치던 하나도 의식을 잃고 축 늘어졌다.

"수의 파괴자! 네 마음대로는 안 될걸!"

수의 문지기가 다가가려고 하자 수의 파괴자는 거친 야수처럼 으르렁거리며 하나의 머리를 더욱 세게 움켜쥐었다.

"수의 문지기, 너무 늦은 것 같군. 나는 이 아이의 능력을 계속 지켜봤다. 그리고 이 아이를 지배함으로써 숫자 세계를 가질 수 있다는 사실을 알게 되었지."

수의 파괴자는 비열하게 웃은 뒤 하나를 번쩍 들어 올리며 소리쳤다.

"빛은 새로운 그림자를 만들어 내나니, 그 빛이 되어 세상의 어둠을 몰고 오리라."

그 순간, 물 위에 떨어뜨린 검은 잉크 한 방울이 번져 나가듯, 무리수 세계에 검은 기운이 흘러 들어와 무리수 세계를 칠흑 같은 어둠의 세계로 물들였다.

수의 파괴자는 하나를 안고 어둠 속으로 뛰어내렸다. 수의 문지기는 어둠 속으로 뛰어내리는 수의 파괴자를 향해, 꼬리를 감아 쥔 무리수 벌레를 던졌다. 수의 파괴자에게 날아간 무리수 벌레는 수의 파괴자의 다리를 감았다. 무리수 벌레는 긴 꼬리를 남기고 수의 파괴자와 함께 어둠 속으로 사라졌다.

"수의 파괴자, 네가 어디를 가든 무리수 벌레가 나를 이끌 것이다. 내가 세상 끝까지라도 너를 따라갈 테다!"

수의 문지기는 손에 감겨 있는 무리수 벌레의 꼬리를 따라 어둠 속으로 뛰어내렸다.

수의 파괴자는 하나의 머리를 잡고 주문을 외웠다. 주문에 따라 어둠의 기운은 살아 움직이는 것처럼 수의 파괴자 주위를 맴돌았다. 어둠이 더욱 짙어지자 주문을 외는 수의 파괴자의 검붉은 얼굴에서 경련이 일기 시작했다. 수의 파괴자가 온몸을 꿈틀대더니 그 입에서 검은 피가 흘러나왔고, 피는 수의 파괴자의 팔을 타고 하나에게 떨어졌다. 피가 더 많이 흘러나올수록 수의 파괴자의 얼굴은 점점 더 늙어 갔다.

"어둠의 영혼이 하나에게 다가가고 있어."

이때 무리수 벌레를 의지해 뒤따라온 수의 문지기의 손이 수의 파괴자의 팔뚝을 잡았다. 수의 문지기의 팔에서는 붉은 피가 흘러나왔다.

검은 피와 붉은 피가 만나는 순간, 검은 피는 뱀의 머리로 변

하여 붉은 피를 공격했다. 붉은 피는 용의 머리가 되어 뱀의 공격을 막아 냈다. 두 머리는 엉켜서 싸웠다. 검은 뱀과 붉은 용의 머리가 부딪힐 때마다 요란한 소리가 나면서 불꽃이 일었고, 수의 파괴자와 수의 문지기의 몸은 강한 전기를 맞은 듯 경련을 일으켰다.

하나가 힘겹게 눈을 떴을 때 눈앞에서는 무시무시한 싸움이 벌어지고 있었다. 검은 뱀과 붉은 용이 싸우는 것을 본 하나는 자신도 모르게 두 손을 마주 잡았다. 그 순간, 하나의 몸에 푸른 기운이 감돌기 시작했다. 그 기운은 점점 커져서 하나의 몸 전체를 감쌌고, 마침내는 폭발하여 하나의 몸에서 강한 빛으로 뿜어져 나왔다. 그 빛에 검은 뱀은, 급류에 휩쓸려 가는 가랑잎처럼 힘없이 날아가 버렸다.

"하나야, 괜찮니?"

하나는 깊은 잠에서 깬 것 같았다.

"예, 전 괜찮아요. 아저씨는요?"

하나를 쳐다보는 수의 문지기의 눈은 그 어느 때보다 진지해 보였다.

"제가 또 실수를 한 모양이네요."

"아니, 그 반대란다. 네가 수의 파괴자의 검은 영혼을 깊은 어둠 속으로 몰아냈단다. 수의 파괴자의 영혼이 다시 몸을 찾기 전에

빨리 가두어 놓아야겠다."

수의 파괴자는 창백한 얼굴로 쓰러져 있었다. 수의 문지기가 나지막이 주문을 외자 어디에선가 큰 직각 삼각형이 날아왔다.
"이것은 피타고라스 감옥이란다. 이곳 무리수 세계에서만 볼 수 있는 특수 감옥이지. 이제 수의 파괴자는 이곳을 영원히 벗어날 수 없을 거야."
수의 문지기는 피타고라스 감옥에 수의 파괴자를 넣고 문을 닫았다. 그리고 주문을 외자 직각 삼각형의 빗변에 번호를 돌려서 맞

추는 둥근 번호판이 끊임없이 생겨나더니 달팽이 벌레처럼 변했다. 마치 직각 삼각형에 거대한 달팽이 벌레가 앉아 있는 것 같았다.

"이 감옥 문을 열려면 번호를 다 맞추어야 하지. 하지만 그 값의 끝을 알 수 없기 때문에 영원히 열 수 없단다. 이렇게 말이야."

1.41421356237309504880168872420969807856 96…

수의 문지기가 마지막으로 주문을 외자 피타고라스 감옥은 어디론가로 날아가 버렸다.

그때 하나는 상처가 난 수의 문지기의 팔을 보았다.

"아저씨 팔에 상처가 났어요."

"나는 괜찮단다. 이곳을 지키는 것이 내 임무인걸. 이젠 숫자 세계가 평화로워진 것 같으니 좀 쉬어야겠구나. 하나는 현실 세계로 돌아가서 숫자 세계에 대해 사람들에게 알려 주렴. 그리고 수학을 열심히 공부해서, 혹시라도 또 숫자 세계가 위험에 빠지게 되면 그때도 하나가 숫자 세계를 구해야 한다. 하나 네가 수의 수호자라는 사실을 절대 잊지 말거라."

"네, 그럴게요."

하나는 수의 문지기를 꼭 껴안았다.

"네가 가는 길을 축복하마."

수의 문지기는 하나를 껴안아 주고는 어서 가라며 손짓을 했다. 하나가 수의 문지기에게 인사를 하고 발걸음을 떼자, 주위에서 숫자 벌레들이 몰려와 하나를 맴돌며 배웅해 주었다.

돌아온 하나

하나가 눈을 떴을 때 익숙한 물건들이 눈에 보였다. 분홍색 커튼과 천장에 매달려 있는 잠자리 모빌, 꽃무늬 벽지와 책상 위에서 침대 쪽을 보고 있는 곰 인형…….

"여기는……!"

하나는 침대에서 벌떡 일어났다. 어떻게 자기 방에 누워 있는지 아무리 생각해도 기억이 나지 않았다. 숫자 벌레들이 몰려와서 하나 주위에서 춤을 추던 모습이 떠올랐다. 수의 문지기도 있었고 투덜이도 있었다. 수의 파괴자와 무시무시한 돌연변이 숫자 벌레도 생각났다.

"하나야, 그만 일어나렴."

엄마의 목소리였다.

하나는 숫자 세계에 가기 전에 일어났던 일들이 생각났다. 하나는 이불을 걷어 제치고 엄마한테 달려갔다.

"엄마! 57+18이 얼마예요?"

엄마는, 갑자기 무슨 똥딴지 같은 소리냐는 표정으로 하나를 쳐다보았다.

"57+18이 얼마인지 빨리 계산해 보세요."

"75 아니니?"

"맞아요, 엄마! 이제 숫자 세계가 평화로워진 게 틀림없어요."

"얘가 일어나자마자 무슨 소리야. 또 무슨 꿈을 꾼 모양이구나. 어서 씻고 학교 갈 준비 해야지. 이러다 지각하겠다."

하나는 눈을 비비며 방으로 돌아왔다.

'정말 꿈이었을까?'

숫자 세계에서 일어난 일이 모두 꿈이었다니 믿어지지 않았다. 옷을 갈아입으려는데 잠옷 주머니에서 종이가 만져졌다. 꺼내어 펴 보니 편지가 적혀 있었다.

하나에게

하나야, 수의 문지기란다. 숫자 세계는 하나의 도움으로 평화로워졌으니 이제 안심해도 된다. 모두들 하나에게 고마워하고 있어. 숫자 세계가 영원히 이렇게 평화로웠으면 좋겠구나.

하지만 또다시 수를 파괴하려는 세력이 나타날 수 있어. 숫자 세계가 또 위험에 빠지면 하나가 숫자 세계를 구할 수 있도록 수학 공부를 열심히 해 두렴.

그리고 숫자 벌레들을 잊지 말고 하나가 만나는 사람들에게 숫자 세계 이야기를 들려주렴. 모든 사람들이 숫자 세계에 대해 알게 되고 친숙해지면 숫자 세계의 문이 다시 열리고 숫자 벌레들은 사람들 곁으로 갈 수 있을 거야.

숫자 벌레와 대화하는 법을 알고 있지? 숫자 벌레들이 하나를 잊지 않도록 자주 말을 걸어 주렴.

나는 다시 잠을 자야겠다. 모처럼 아주 길고 달콤한 잠이 될 것 같구나.

그럼 잘 지내거라. 안녕.

수의 문지기 씀

"맞아, 그건 꿈이 아니었어."

하나는 환한 미소를 지으며 편지를 곱게 접었다. 학교에 갈 준비를 하며, 프랙탈을 보면 가만두지 않을 거라고 단단히 마음먹었다.

프랙탈은 조심스럽게 교실 문을 열었다. 하나가 자리에 앉아 있었다. 프랙탈은 크게 심호흡을 하고 느릿느릿 걸어와 하나의 옆에 조용히 앉았다. 하나는 프랙탈을 못 본 척했다.

"어, 이런 어쩌지? 오늘 수학 수업이 있네. 숙제 안 해 왔는데……."

하나는 프랙탈을 한심하게 쳐다보았다.

"너, 아직도 숫자 벌레를 죽이고 싶니?"

"몰라."

프랙탈은 애써 무관심한 척하며 몸을 숙이고 책상 위에 수학책과 공책을 꺼내 숙제를 하기 시작했다.

"숫자 세계에 수의 문지기가 사는데, 널 좀 데려오래."

"진짜야? 나 이제 숫자 벌레를 미워하지 않아. 그동안 얼마나 불편했는데……. 게임도 못 하고, 과자도 못 사 먹고, 전화도 안 되고, 자동차도 고장 나서 걸어 다녔어. 그리고 나 수학이 좋아졌어. 이제부터 수학 공부도 열심히 할 거야. 그러니까 수의 문지기한테 좋게 말해 줘. 제발 부탁이야."

"정말 수학이 좋아졌어? 못 믿겠는데?"

"어…… 사실은 좋아진 건 아니고 좋아하려고 노력 중이야. 왜냐하면 수학은 정말 중요하니까. 만화가는 수학 공부 안 해도 된다고 생각한 건 정말 어리석었어. 수학은 우리와 떼려야 뗄 수 없는 사이야."

하나는 쩔쩔매는 프랙탈의 모습에 웃음이 나왔다.

"하하하, 너 정말 재밌다. 내가 없는 동안 산에 가서 도라도 닦고 온 거야?"

"자꾸 놀리지 마. 나 정말 마음이 편치 않았단 말이야."

"알았어. 이번에는 용서해 주지. 그 대신 다시는 그런 엉뚱한 짓 하지 않겠다고 약속해."

"응, 약속할게."

프랙탈은 하나의 눈치를 보며 풀 죽은 목소리로 대답했다.

이윽고 수학 시간이 되었다. 하나는 수학 문제를 열심히 풀다가 프랙탈을 흘깃 보았다. 수업이 시작된 지 얼마 되지도 않았는데 프랙탈은 벌써 꾸벅꾸벅 졸고 있었다.

"그래, 어쩔 수 없는 일이야."

하나는 고개를 절레절레 흔들며 다시 문제를 풀었다.

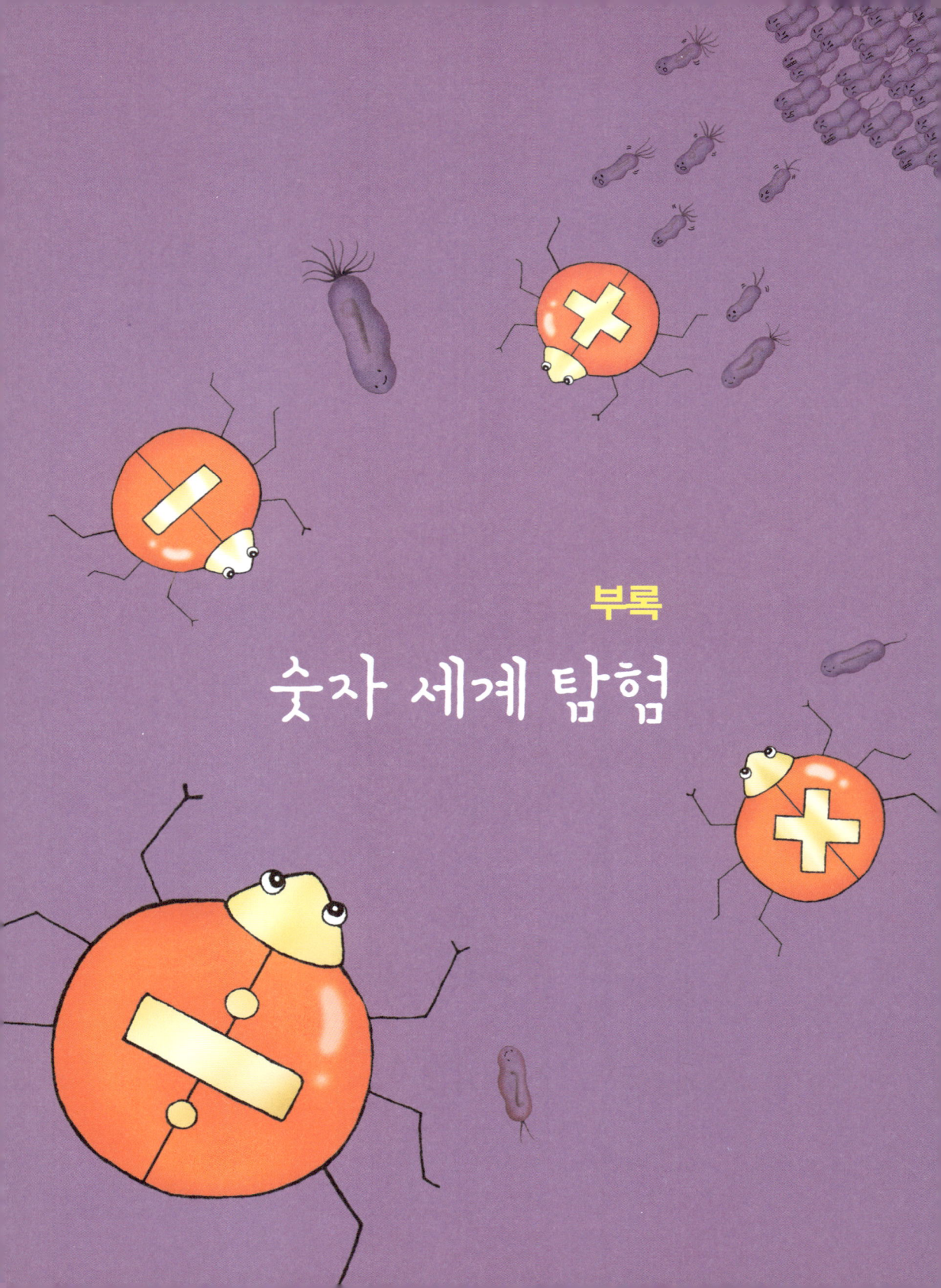

부록
숫자 세계 탐험

숫자 세계의 모습

숫자 세계는 투명한 유리처럼 생겼으며, 유리수 세계와 무리수 세계로 나뉘어 있습니다. 유리수 세계는 마치 양파 껍질 같아서 유리수 세계에서 껍질을 하나 벗기면 정수 세계가 있고, 정수 세계에서 껍질을 하나 벗기면 자연수 세계가 나옵니다.

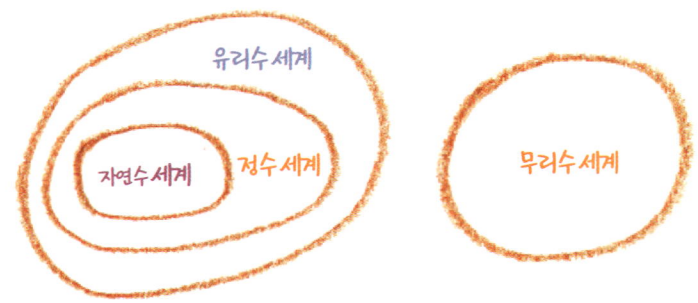

숫자 세계에 사는 벌레들

자연수 세계에는 아무 벌레나 살 수 없고 오직 자연수 벌레만 살 수 있습니다. 1벌레, 2벌레, 3벌레, 10벌레 따위가 자연수 벌레입니다. 자연수 벌레는 '양의 정수' 벌레라고도 합니다.

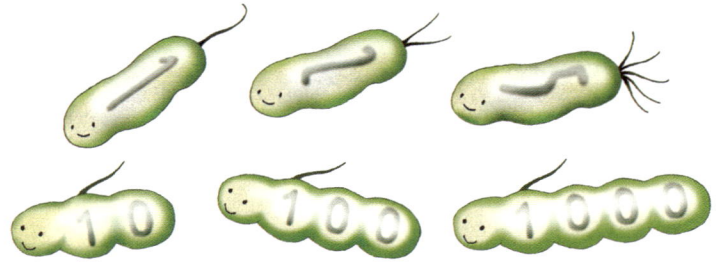

정수 세계에는 자연수 벌레와 0벌레와 음의 정수 벌레가 삽니다. −1벌레, −2벌레, −3벌레 따위가 음의 정수 벌레입니다.

유리수 세계에는 자연수 벌레, 0벌레, 음의 정수 벌레뿐만 아니라 유리수 벌레가 삽니다. 유리수 벌레에는 분수 벌레, 유한 소수 벌레, 달팽이 벌레가 있습니다.

소수점 아래의 숫자가 0이 아닌 숫자로 계속 반복되어 나타나는 '순환 소수' 벌레가 바로 달팽이 벌레입니다.

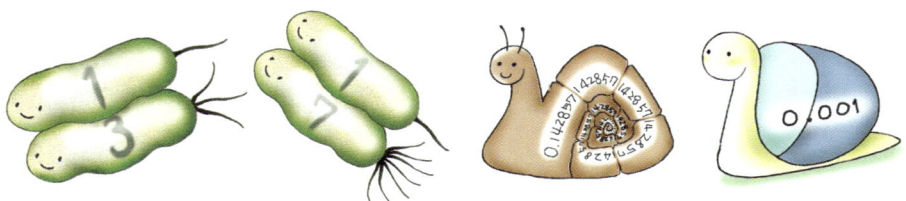

무리수 세계에는 무리수 벌레들이 삽니다. 무리수 벌레는 소수점 아래의 숫자가 반복되지 않는 '비순환 무한 소수' 벌레를 말합니다. 무리수 벌레는 달팽이 벌레처럼 분수 벌레로 변신할 수 없습니다.

숫자 세계의 먹이 사슬

지구에 사는 생물체는 먹이 사슬을 이루고 있습니다. 먼저 햇빛과 비를 맞고 자라는 녹색 식물이 있고, 토끼 같은 초식 동물이 이런 녹색 식물을 먹고 삽니다. 그리고 이런 초식 동물을 잡아먹는 호랑이 같은 육식 동물이 있습니다.

마찬가지로 숫자 세계에도 이러한 먹이 사슬이 있습니다. 1벌레, 2벌레 같은 숫자 벌레들은 숫자 세계에 흩어져 있는 빛 알갱이를 먹고 삽니다. 그리고 더하기 벌레나 빼기 벌레, 또는 곱하기 벌레나 나누기 벌레와 같은 연산 벌레들이 숫자 벌레를 먹고 삽니다.

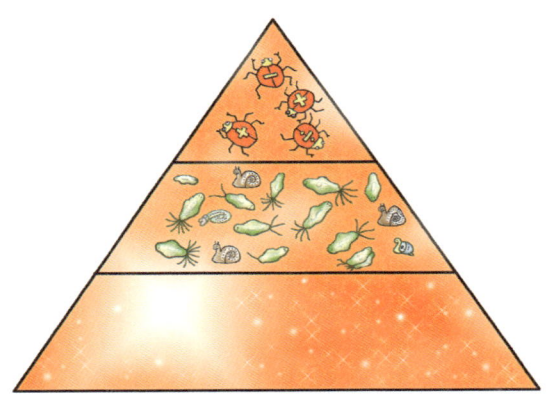

숫자 세계의 연산: 더하기 벌레

숫자 세계에 사는 연산 벌레는 숫자 벌레들을 잡아먹고 새로운 숫자 벌레를 내어놓습니다. 예를 들면 더하기 벌레는 2벌레와

3벌레를 먹고 나서 이 벌레들을 소화시킨 뒤 5벌레를 내어놓습니다. 어느 숫자 세계에 있건 내어놓는 벌레는 같습니다.

만일 더하기 벌레가 2벌레와 5벌레를 먹으면 7벌레가 만들어집니다. 어떤 벌레를 먼저 먹건 상관없습니다. 5벌레를 먼저 먹고 2벌레를 나중에 먹어도 마찬가지로 7벌레를 내어놓습니다.

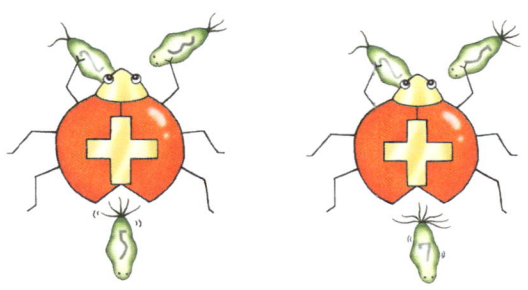

숫자 세계의 연산: 빼기 벌레

빼기 벌레는 먹는 순서가 중요합니다. 만일 빼기 벌레가 5벌레를 먼저 먹고 곧이어 3벌레를 먹는다면, 이 두 벌레를 소화시켜 2벌레를 내어놓습니다.

그런데 만일 빼기 벌레가 3벌레부터 먹고 그다음에 5벌레를 먹는다면, 이 두 벌레를 소화시켜 −2벌레를 내어놓습니다. 그러나 빼기 벌레가 −2벌레를 내어놓는 것은 정수 세계와 유리수 세계에서나

가능한 일입니다.

만일 빼기 벌레가 자연수 세계에서 3벌레를 먼저 먹고 7벌레를 나중에 먹는다면, 이 두 벌레를 소화시키지 못하고 배탈이 나고 맙니다.

숫자 세계의 연산: 곱하기 벌레

곱하기 벌레의 성질은 더하기 벌레와 비슷합니다. 곱하기 벌레가 4벌레를 먼저 먹건 3벌레를 먼저 먹건 간에, 내어놓는 벌레는 언제나 12벌레입니다. 지금 있는 곳이 자연수 세계이건 정수 세계이건 유리수 세계이건 상관없습니다.

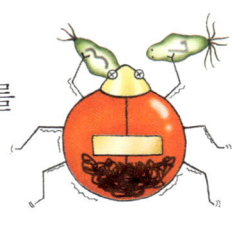

숫자 세계의 연산: 나누기 벌레

나누기 벌레는 빼기 벌레와 성질이 비슷합니다. 어떤 벌레를 먼저 먹느냐, 지금 어디에 있느냐에 따라 다른 결과를 냅니다. 만일 나누기 벌레가 자연수 세계나 정수 세계에서 5벌레를 먼저 먹고 이어서 2벌레를 먹는다면 배탈이 나고 맙니다.

만일 나누기 벌레가 유리수 세계에서 5벌레를 먼저 먹고 이어서 2벌레를 먹는다면 2분의 5 분수 벌레를 내어놓습니다.

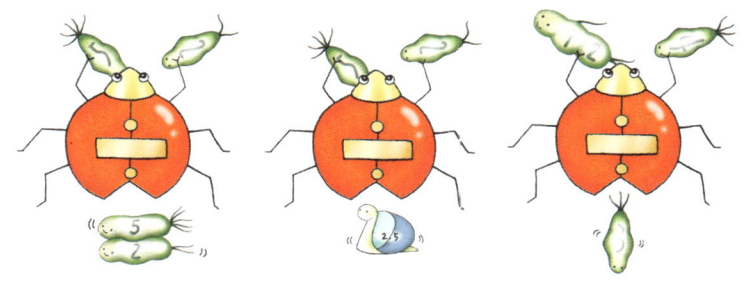

어떤 나누기 벌레는 2.5 소수 벌레를 내어놓기도 합니다.

만일 나누기 벌레가 12벌레를 먹고 이어서 4벌레를 먹는다면 지금 어디에 있건 간에 언제나 3벌레를 내어놓습니다.

만일 유리수 세계에서 나누기 벌레가 4벌레를 먹고 나서 12벌레를 먹으면 3분의 1벌레를 내어놓습니다.

0벌레의 성질

곱하기 벌레가 0벌레를 먹으면 언제나 0벌레만 내어놓습니다. 더하기 벌레가 0벌레를 먹으면 0벌레가 없어집니다. 만일 더하기 벌레가 0벌레와 3벌레를 먹는다면 0벌레는 없어지고 3벌레만 나옵니다.

빼기 벌레가 0벌레를 나중에 먹으면 0벌레가 없어져 버립니다. 만일 빼기 벌레가 3벌레를 먹고 나서 0벌레를 먹으면 0벌레는

147

없어지고 3벌레만 그대로 나옵니다.

　나누기 벌레가 0벌레를 나중에 먹으면 배탈이 납니다. 만일 나누기 벌레가 12벌레를 먹고 나서 0벌레를 먹으면 소화를 못 시키고 배탈이 나고 맙니다.

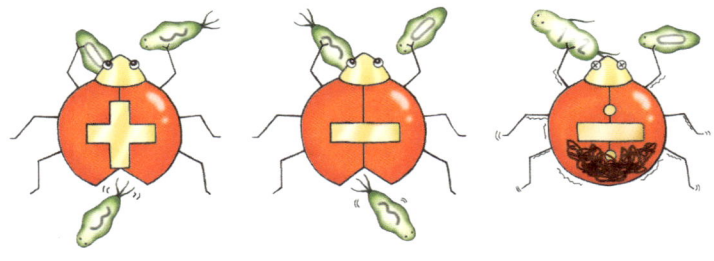

1벌레의 성질

　곱하기 벌레가 1벌레를 먹으면 1벌레는 없어져 버립니다. 또 나누기 벌레가 1벌레를 나중에 먹으면 1벌레는 없어집니다. 만일 나누기 벌레가 5벌레를 먹고 나서 1벌레를 먹으면 1벌레는 없어지고 5벌레만 그대로 내어놓습니다.